Ursula Kodantke • Der weite Weg

Ursula Kodantke

Der weite Weg
Breslau • Leipzig • Ulm

Erinnerungen einer Breslauer Lerge

Bearbeitet von Elke Mayer

2017

Bibliografische Information der Deutschen Nationalbibliothek:
Die Deutsche Nationalbibliothek verzeichnet diese Publikation
in der Deutschen Nationalbibliografie; detaillierte bibliografische
Daten sind im Internet über dnb.dnb.de abrufbar.

Text und Coverbild
© 2017 Ursula Kodantke, Elke Mayer
katzenpost59@web.de
Schrift: Alegreya, Sütterlin

Herstellung und Verlag:
BoD – Books on Demand, Norderstedt

ISBN 978-3-7431-6512-0

*Nur eines ist's, das bleibt ewig jung
und keiner nimmt's –
du bist's, Erinnerung!*

Für unsere liebe Mutti, die Breslauer Lerge!
Elke und Wolfgang Mayer
Januar 2017

Lerge

Das Wort oder auch der Ausruf Lerge ist ein typisch niederschlesischer Begriff.

„Lerge" wurde, je nach Stimmungslage, als Beschimpfung, als Ausdruck des Erstaunens oder sogar als Kosewort benutzt.

Letztendlich wurde es zum Spitznamen für die Bewohner Breslaus.

Du Lerge!

In jeder Stadt, an jedem Ort
da gibt es zweifellos ein Wort,
an dem man, wenn man's einmal nennt,
den „Eingeborenen" erkennt.
In Breslau um a Gabeljerge *
da gab es die berühmte „Lerge":
„Du tälsche Lerge" das hat seinen Sinn,
„Mensch Lerge!" – da liegt Musike drin.
„Du arme Lerge" bei Kummer und Schmerzen,
„Du feezige Lerge" beim Lachen und Scherzen.
Und sind die Kinder noch klein wie Zwerge,
das Erste und Letzte ist immer „du Lerge"!
Beim Kascheln, beim Schippeln, beim Fangen,
                        beim Titschern,
überall hört man's „du Lerge" zwitschern.
Ob labrig, ob feezig, das ist ganz egal –
die Breslauer Lerge ist universal!

                                      Günter Foth

---

*Gabeljerge (schlesisch für Gabeljürgen) wurde der barocke Neptunsbrunnen auf dem Neumarkt von Breslau genannt.

Vorwort

Lange, sehr lange habe ich überlegt, wie ich es am besten anfange, meine Lebenserinnerungen aufzuschreiben.

Wo sollte ich beginnen? Es ist alles so lange her – und doch, wenn ich's mir so recht überlege, gibt es an bestimmte Stationen im Leben Erinnerungen, die unvergesslich lebendig geblieben sind.

Mit 67 Jahren schaut man schon ein ganzes Stück weit zurück!

Wir schreiben das Jahr 1995. In diesem Jahr jährt sich nicht nur für mich sondern für unendlich viele Menschen zum 50. Mal das, was wir damals – als der furchtbare zweite Weltkrieg zuende ging – erlebt hatten: die Vertreibung aus der Heimat!

Es ist vielleicht jetzt genau der richtige Zeitpunkt um Rückblick zu halten.

Ich kann nur von meiner Familie und mir erzählen. Sicher könnte ein jeder, der diese Zeiten durchlebt hat, seinen eigenen Roman schreiben.

Für meine Kinder und Enkelkinder möchte ich sogar noch etwas weiter in mein Erinnerungskästchen zurückgreifen. Ich will versuchen, ihnen etwas von meiner Kindheit und Jugendzeit zu erzählen, die ich in einem liebevollen Elternhaus verleben durfte. Und was macht ein Kind besonders froh und glücklich? Wenn dazu noch Großeltern, Onkel, Tanten, Cousins und Cousinchen gehören!

In so einer schönen Geborgenheit bin ich aufgewachsen und bin heute unendlich dankbar dafür. Die Spruchweisheiten, die ich hin und wieder in meine Aufzeichnungen einstreuen werde, sind mir irgendwann auf meinem Lebensweg begegnet und haben mich beeindruckt. Es steckt so viel Wahres in ihnen und manchmal kann man sich sogar an ihnen festhalten oder auf diese Weise Trost finden.

„Immer, wenn Du meinst es geht nicht mehr,
kommt von irgendwo ein Lichtlein her,
dass du es noch einmal zwingst,
von Sonnenschein und Freude singst,
leichter trägst des Alltags Last,
wieder Kraft und Mut und Glauben hast!"

In der schlesischen Heimat

Die Kindheit

Ich wurde am 7. März 1928 in Breslau geboren. Mein schöner Frühlingsgeburtstag hat mir eigentlich immer gut gefallen aber das Datum meiner Geburt ist nur die logische Folge zu dem Datum des Hochzeitstages meiner lieben Eltern – 2. Juni 1927! Das haben sie mir viel später einmal erzählt, doch da war ich schon längst selber drauf gekommen. So schwer war die Rechenaufgabe ja wirklich nicht ... Leider blieb ich ohne Geschwister – um die ich später meine Spielkameradinnen immer beneidete. Denn sie konnten im Falle der „Gefahr" (z.B. im Sandkasten) nach ihrem großen Bruder rufen. Den großen Bruder habe ich eigentlich ein Leben lang vermisst.

Aber ich hatte dafür immer irgendeinen kleinen Freund, der mich im Notfall beim Spielen beschützte. Woran das wiederum lag weiß ich nicht. Aber es blieb in meinem ganzen Leben so. Außer meinen Mädchenfreundschaften hatte ich auch immer einen treuen Kavalier oder Beschützer in der Nähe – und das ist bis heute so geblieben.

Bis zu meinem 10. Geburtstag – 1938, dem Jahr als ich in eine höhere Schule umgeschult werden sollte, wohnte ich mit meinen Eltern in einer kleinen 2-Zimmer-Wohnung in der Boberstraße 12. Das war ganz in der Nähe des Breslauer Flughafens.

Zu unserer Familie zählte noch ein wunderschöner Vierbeiner. Das war der schneeweiße Angorakater Peter. Meine Eltern waren sehr tierlieb und das habe ich als ganz kleines Kind schon voll mitbekommen.

Meine Großeltern Hildebrandt (Muttis Eltern) wohnten gleich um die Ecke von uns in der Frankfurter Straße. Zu unseren Häuserblocks gehörte ein riesengroßer

Hof, der praktisch von der dritten Seite noch einmal durch einen Häuserblock und auf der vierten Seite durch eine Mauer begrenzt war. Jedenfalls konnten die Eltern ihre Kinder im Hof jederzeit beim Spielen beobachten. Es gab u. a. zwei riesige Sandkästen mit herrlichem weiß-gelbem Sand, in denen wir Kinder ganze Wohnungen – Tische, Hocker und Kochherde – bauen konnten und dann darin schön spielen konnten. Eingerahmt war der Hof mit vielen großen Bäumen, die Schatten spendeten. Unter den Bäumen, rings um die großen Sandkästen, standen reihenweise Bänke, auf denen wir auch besonders schön „puppeln" konnten.

Am Nachmittag saßen oft ein paar Mütter in unserer Nähe und machten Handarbeiten. Der ganze Weg um den großen Hof zwischen den Bäumen und den Hauseingängen war mit glattem Pflaster belegt, so dass die Kinder auch mit ihren Rollern oder Dreirädern (die hießen damals „Selbstfahrer") herumrasen konnten. So waren wir nie den Gefahren der Straße ausgesetzt.

Nur – auf den Verkehrsstraßen damals, da fuhren ja längst nicht so viele Autos wie heute! Da hatten nur höhergestellte Persönlichkeiten, Kaufleute oder Ärzte, ein Auto. Der Normalbürger fuhr mit der Straßenbahn. In unserer Familie hatte nur mein Onkel Willi, der Fleischermeister, einen Goliath. Das war ein dreirädriges Vehikel mit dem er seine Ware vom Schlachthof holte.

So lebte ich also behütet von meinen Eltern und Großeltern fröhlich in den Tag hinein. Jeden Sonntagmorgen gingen mein Vati und mein Opa mit mir zum Morgenschoppen. Sehr genau weiß ich das noch.

Der Morgenschoppen fand nämlich in einer Parkgaststätte im Westpark, nicht weit von uns weg, statt. Im Sommer saß man draußen im Garten des Restaurants. Der Anziehungspunkt für mich war eine große bunte Blechhenne, die auf einem Sockel thronte. Wenn man ein Zehnerle hineinsteckte, dann gackerte die Henne ganz laut und legte ein buntes Blech-Ei. Darin waren feine Drops.

So hatten die Herren ihren Spaß beim Bierchen und ich mit meinem Ei und manchmal auch einem Malzbier mit Himbeersaft.

Mein Opa war ein fröhlicher Mensch und hat immer seinen Spaß mit mir getrieben. Ich war ja auch sein erstes Enkelkind und da drehte sich sowieso alles um

1930

Klein-Uschi. Vor allen Dingen habe ich meinem lieben Opa alles, was er mir erzählte, geglaubt.

Wenn er rief:" Uschi, schnell, guck mal, dort läuft der Osterhase!", dann habe ich den Hasen auch wirklich gesehen! Opa konnte mir alles glaubhaft machen. Mit ihm zusammen habe ich auch einmal in einer Klinik, in der eine Tante gerade meinen Cousin Dieter zur Welt gebracht hatte, den Storch wegrennen sehen! Was haben mich später meine Angehörigen damit geneckt, dass ich dem Opa alles bedingungslos geglaubt habe.

Während ich mit Vati und Opa zum Morgenschoppen wanderte (davon gibt es übrigens noch Fotos), kochte Mutti immer ein herrliches Sonntagsessen. Braten, Klöße, Kompott – das war Tradition. Ebenso war es Tradition, dass zu meinen Eltern jeden Sonntagmittag ein Bettler kam, dem die Mutti so ein Essen schenkte. Zwar saß der Bettler vor unserer Wohnungstür im großen Treppenhaus, aber das machte ihm bestimmt nichts aus. Ich muss dazu sagen, dass unsere Stufen und Böden im Treppenhaus aus blank gebohnerten Hölzern bestanden. Auch das Treppengeländer war gediegen aus Holz gearbeitet Auf dem konnte man herrlich hinunterrutschen (1. Stock – von unserer Wohnung – bis Parterre) Nur Mutti durfte mich dabei nicht erwischen! Unsere Zimmer waren damals immer mit Parkettboden belegt. In Korridor und Küche waren andere Holzfußböden. Man legte darüber Linoleumteppiche oder im Wohnzimmer einen echten Teppich. Wir konnten wegen der Stolpergefahr für Vati keine losen Teppiche auf den Boden legen.

Im Jahr 1934 kam ich in die Schule und schon 1 Jahr später im September 1935 trat das Ereignis ein, an das ich mich stets erinnern werde. Mein Onkel Hugo kam in die Schule und bat meinen Lehrer, mich heute vom Unterricht zu befreien. Dann brachte er mir vorsichtig bei, dass sein Papa – mein lieber Opa – gestorben war. Da war ich gerade 7½ Jahre alt und meine glückliche Kinderwelt war auf einmal trauriger geworden. An die riesige Beerdigung kann ich mich noch gut erinnern. Opa hatte als Vereinsvorstand viele Feste ausgerichtet und war sehr bekannt. Über sein Grab hat man Salut geschossen und auf einem Samtkissen trug jemand irgendwelche Orden von ihm dem Sarg voraus. Meine liebe Oma wurde dermaßen unglücklich, dass meine Mutti mit ihr – und mit mir an der Hand – jeden Tag zum Friedhof gefahren ist. Das ging mindestens so lange, bis wir wegen meiner Umschulung in die Mittelschule in einen anderen Stadtteil zogen. Von dort war es dann zu weit, um täglich auf den Friedhof zu gehen. Auch die Oma war mit Hilfe meiner Eltern in eine kleinere Wohnung wieder in unsere Nähe gezogen.

Weihnachten 1933

Die anderen Großeltern

Nun will ich einmal weiter erzählen, warum ich denn so tierlieb geworden bin. Meine Vorfahren väterlicherseits und zum Teil auch mütterlicherseits kommen aus Bauernwirtschaften. Und zwar sämtlich aus der damaligen Provinz Posen.

Jedes Jahr mindestens einmal, manchmal auch öfter, fuhren meine Eltern mit mir aufs Land zu meinen anderen Großeltern (den Missals) nach Sarbia. Vatis Eltern waren Bauern mit einem kleinen blitzsauberen Anwesen (Wohnhaus, Scheune, Stallungen mit Kühen, Ziegen und Schweinen – vom Federvieh ganz zu schweigen). Natürlich gab es auch den Hofhund und diverse Katzen.

Mein Opa war neben seiner Landwirtschaft noch beruflich als Landbriefträger tätig. Meiner Oma zur Seite stand eine tüchtige polnische Magd – die Jolca. Wenn Erntezeit war, dann half meine andere Verwandtschaft aus dem Dorf der Oma und dem Opa mit ihren Knechten aus. Ich kann mich nicht erinnern in all den Jahren, wo ich meine Ferien in Sarbia verbrachte, je irgendwelche Streitereien zwischen Deutschen und Polen erlebt zu haben.

Wie gesagt, außer meinen Großeltern lebten in Sarbia noch mehr Verwandte. Da war der Bruder meiner Oma mit seiner großen Familie. Die Eltern und fünf Kinder und es lebte bei ihnen noch meine Urgroßmutter väterlicherseits. Diese große Familie Missal hatte auch eine ansehnliche Landwirtschaft und ich bin in fast allen Schulferien nach Sarbia gefahren. Gewohnt habe ich bei den Großeltern, aber fast den ganzen Tag war ich mit meinen Cousins und Cousinen zusammen. Ich war vom Landleben begeistert!

In jedem Stall war ich zuhause, konnte die Kühe melken, die Ziegen melken, den Schweinen Futter geben, das Federvieh füttern und was noch alles. Ich konnte Kühe hüten, auf ungesattelten Pferden reiten, bei der Getreideernte helfen und hoch oben auf dem Erntewagen sitzend nachhause kutschen in die Scheune. Im Herbst saß ich prompt mit meinen Cousinen an irgendeinem Feldrand und habe die Rüben gehackt usw. Kurzum – bei mir stand fest: ich werde Bäuerin! Na ja, den Gedanken habe ich so ungefähr mit 15 Jahren wieder fallen lassen. Doch davon etwas später.

Ich hatte vorhin schon erwähnt, dass meine Urgroßmutter noch bei meinem Onkel Wilhelm im Haus lebte. Sie hatte dort ihr eigenes Stübchen. Mein jüngerer Cousin Willi (etwa 3 Jahre jünger als ich) hat oft mit mir in Großmutters Stube auf ihrem Kanonenofen zum Spaß Pudding gekocht. Milch gab es ja jede Menge – und wir Kinder kochten Unmassen Pudding, den kein Mensch aufessen konnte, nur so zum Spaß. Die Urgroßmutter war aber auch noch oft draußen auf dem Feld und hat die Kühe gehütet. Gleich neben Onkel Wilhelms Feldern war ein Waldstück, welches auch zu seinem Anwesen gehörte. Dort gab es so viel schöne Pilze, wie ich sie nirgendwo wieder habe stehen sehen. Meine Cousine Lolli war Meisterin im Pilze suchen und finden. Die brachten wir dann der Urgroßmutter zu ihrem Hüteplatz. Sie hat die Pilze noch an Ort und Stelle geputzt und zuhause am Abend wurden sie nur noch gewaschen und ab in die Speckpfanne. Herrlich! Nie wieder habe ich mit solchem Genuss Pilze gegessen.

Als unsere Urahne starb, da war ich zufällig auch in Sarbia. Mit meinem Cousin Willi durfte ich in die Kirche laufen und die Totenglocke läuten. Wir haben am

Seil gehangen und sind hochgezogen worden, so wie man es manchmal in Filmen zu sehen bekommt. In Sarbia gab es so manchen alten Brauch, den ich später noch miterleben durfte.

Breslau, Webskystraße 12 – das neue Zuhause

Nun will ich einmal von meinem neuen Lebensabschnitt erzählen, der mit der Umschulung und dem damit verbundenen Umzug in eine andere Wohnung begann.

Das war im Jahre 1938. Da lagen die Kinderfreundschaften, mit denen man im Sandkasten gespielt hatte und mit denen man groß geworden war plötzlich ein Stück hinter mir. Die vertraute Umgebung war weg und man musste sich an die neuen Menschen und Straßen gewöhnen. Aber noch ging ja alles an der Hand der Eltern und ein Kind macht sich wohl nicht so viel Gedanken, sondern schaut gebannt auf alles Neue.

Wir hatten nun eine größere 3-Zimmer-Wohnung im 2. Stockwerk bezogen. Sie lag in einem sehr schönen gepflegten Mehrfamilienhaus, in dessen Eingangsstufen das Jahr 1908 eingelassen war. Heute würde man es als „Jugendstil" bezeichnen. Es gab eine dicke Windfangtür im Hausflur und das Treppenhaus hatte bunte Butzenscheiben. Die Treppenstufen waren mit rotem Linoleum ausgelegt, an den Kanten hatten sie Messingleisten.

Unser Hauswirt, der im Erdgeschoss ein Geschäft für sanitäre Anlagen betrieb, wohnte mit uns als Nachbar im 2. Stockwerk.

Wir hatten sofort sehr freundlichen Kontakt mit den Leuten und da sie als Geschäftsleute ein Auto und auch ein Telefon besaßen, kam beides auch uns manches Mal zugute.

Ich glaube, dass es meine Eltern auch deshalb in diese Wohngegend gezogen hat, weil wenige Meter von unserem Haus Nr. 12 der Websky-Platz war. Auf dieser Anlage stand das kleine „Websky-Schlössel", das schon immer als Standesamt diente. Und auf diesem Standesamt sind auch meine Eltern getraut worden.

Meine liebe Oma Hildebrandt, die mit uns im selben Jahr umgezogen war, wohnte nur 10 Minuten von uns entfernt in der Tauentzienstraße. So hatten wir die Oma wieder ganz in der Nähe und ich wurde ihr „großes Trösterle" – wie sie immer sagte – in ihrem Witwendasein. Auch meine Patentante Friedel (Schmidt), Muttis Schwester, zog – inzwischen verheiratet mit einem Zahnarzt – in die Nähe und zwar auf den Mauritiusplatz. So wohnten alle Menschen, die mir am nächsten standen,

In Landeck, 1934

in einem Dreieck von Straßen und waren in jeweils 10 Minuten Fußweg zu erreichen. Meiner Schule am nächsten wohnte aber meine Oma. Was für ein Glück – für sie und für mich!

Ich war sehr oft tage- und wochenlang bei ihr. Nicht nur wegen des nahen Schulweges zu meiner „Margaretenschule". Erstens war ich ihr Halt nach Opas Tod (was ich damals natürlich noch nicht begriff, höchstens fühlte) und zweitens sind meine Eltern wegen Vatis Verwundung jedes zweite Jahr wochenlang zu einer Kur in die Glatzer Bäder gefahren. Nach Kudowa, Reinerz, Landeck oder Altheide. Mein Vater hat im ersten Weltkrieg im Jahre 1917 in Frankreich beide Beine unterhalb der Knie durch einen Granatsplitter verloren. Daher musste er später so viele Kuren bekommen. Meist begleitete ihn nur Mutti, aber manches Mal nahmen sie mich auch zu so einem Kuraufenthalt mit. Während Vati seine Anwendungen erhielt, wanderte ich mit Mutti durch die Wälder und wir pflückten und sammelten Beeren und Kräuter, die es dort massenhaft gab. Wenn ich aber in Breslau blieb, dann war ich eben bei Oma gut aufgehoben.

Wenn die Schularbeiten gemacht waren habe ich oft stundenlang mit Oma Spiele gespielt. Ganz besonders „Mensch ärgere dich nicht". Gewonnen habe wohl meistens ich, denn Oma war mit ihren Gedanken wenig dabei. Sie hat viele, viele Jahre um ihren geliebten Otto – meinen Opa – getrauert. Heute verstehe ich ihre Worte so schmerzlich aus eigener Erfahrung: „Ohne meinen Otto ist alles nichts!"

Für uns Kinder gab es Sonntagmittag um 14 Uhr die besonderen Kino-Kindervorstellungen. Nahe bei Omas Wohnung gab es das „Ascania-Kino". Unser großer

Schwarm waren damals die kleine süße Shirley Temple und die ulkigen beiden Pat und Patachon. Da durfte ich mit meinen Schulfreundinnen immer hingehen.

Als wir älter wurden, da wandelten sich natürlich die Bilder unserer Idole. Im Backfischalter schwärmten wir für Norbert Rohringer, einen hübschen blonden Jungen. Und noch etwas später gab es wieder andere Stars wie Viktor Stahl und Rudolf Prack, die uns Herzklopfen bereiteten. Wenn ich heute zurückdenke – wie wunderschön und unbeschwert konnte doch die Jugendzeit sein!

Und doch schwebte über uns allen schon die drohende Kriegsgefahr – von der wir Kinder uns sowieso keine Vorstellung machen konnten.

Übrigens war unser Kater Peter nicht mit in die neue Wohnung in der Webskystraße gekommen. Mutti durfte wegen ihres chronischen Bronchialhustens das Tier nicht mehr um sich haben. Er verlor ja immer büschelweise lange Haare – daran kann ich mich noch gut erinnern. Jede Woche wurde er seinerzeit von meinen Eltern in einer Zinkwanne gebadet, dann in Tücher gewickelt und mit dem Fön trockengeblasen. Unsere damalige Waschfrau hat ihn zu sich aufs Land genommen.

Zu uns kam dagegen nun ein neuer Hausgenosse: ein grünes Peterle mit Flügeln – ein nestjunger Wellensittich! Und da meine Mutti ein großes Talent dazu hatte, dem Peterle das Sprechen beizubringen, wurde „Peter der 1." bald ein richtiger Spaßvogel. Er sprach mit der Zeit unendlich viele kleine Sätze und Worte, z.B. „wo ist die Ursel?" „wo ist das Bällchen?" „pass auf, der Papi kommt" „mein hübsches gutes Peterchen bist du ja, das bist du". Noch vieles mehr an putzigen Aussprüchen konnte er sehr deutlich plappern. Ich höre es direkt noch, wie süß das gelang!

Der kleine Kerl wusste auch genau die Zeit, wann Vati aus dem Büro kam. Dann flog er schon aufgeregt hin und her und rief „der Papi kommt, der Papi kommt"; und wenn der Vati dann zur Türe hereinkam, dann flog ihm das Peterle entgegen, klammerte sich am Revers fest und tönte:" Spiegel her, Spiegel her!" Er wusste genau, dass Vati für ihn dann aus der Brusttasche den Taschenspiegel ziehen würde. Ich glaube, von allen unseren späteren Vögeln, die alle sprechen lernten, war dieser der gelehrigste Bursche.

Ein besonderer Spaß war es auch für Peterle, wenn er auf dem Klavier über die Tasten stolpern konnte oder sich auf meinen Händen beim Klavierspielen mittragen ließ. Als ich später noch das Geigenspielen lernte, ließ sich Peterle auf dem Geigenstock hin und her fahren und dazu schimpfte er auch noch „das geht doch aber nicht!" Ja, es war ein zu niedliches Tier und ich bewunderte Mutti immer, wie sie diesen und alle unsere späteren Wellensittiche zum Sprechen gebracht hat – wo gerade sie doch sonst so ein nervöser Mensch war. Aber vielleicht war ja gerade der Umgang mit dem kleinen Burschen auf dem Finger eine beruhigende Beschäftigung für Mutti.

So war es also bei mir zuhause. Gemütlich und harmonisch, aber auch irgendwie nach bestimmten Regeln verliefen die Tage. Zum Beispiel mussten nach dem Mittagessen unweigerlich die Schularbeiten gemacht werden und anschließend mindestens eine halbe Stunde Klavier geübt werden. Dann durfte ich spielen – drinnen oder draußen. Wenn Vati zuhause war gab es noch ein ganz besonderes Gebot für mich, und das hieß: leise sein! Das hat sich sehr bei mir eingeprägt. Natürlich lag der Grund in Vatis Verwundung, durch die er oft unter furchtbarem Nervenschneiden litt. Sein langer Büroalltag (als Stadtinspektor im Gewerbesteueramt) hat ihn wahrscheinlich sehr viel Kraft gekostet. Und er übte seinen Beruf schließlich genauso aus wie ein gesunder Mensch. Eigentlich wäre er 100% erwerbsunfähig gewesen mit seiner schweren Verwundung. Um aber einem Beruf nachgehen zu können hat er sich extra auf nur 90% schreiben lassen. Vati, der ja als Bauernjunge direkt vom Felde geholt wurde zu den Soldaten, und der dann in Frankreich mit 19 Jahren die schwere Verwundung erlitt, musste nämlich 3 Jahre in Lazaretten und Krankenhäusern zubringen, bis er endlich zusammengeflickt war. In diesen langen Klinikaufenthalten hat er aus eigener Kraft und mit großer Willensstärke unentwegt gelernt, um die Mittlere Reife ablegen zu können.

Nur damit hatte er die Möglichkeit, sich um die Beamtenlaufbahn zu bewerben. Und er hat es geschafft. Ganz stolz hat er mir immer in Breslau am Rathaus das Erkerzimmer von außen gezeigt, in dem er vor der Prüfungskommission die Mittlere Reife abgelegt hat und die Aufnahmeprüfung als Beamtenanwärter bestanden hat. Ich möchte noch erklärend hinzufügen, dass mein Vater außer der beiden Beinamputationen noch viele andere „kleine" Verwundungen hatte (faustgroße Fleischwunden in den Oberarmen und im Gesäß).

Meine neue Schule, die „Margarete"

Es war eine reine Mädchenschule. In der 1. Klasse waren wir über 60 Kinder – das war natürlich für die Lehrer und für uns ein unhaltbarer Zustand. So teilte man uns bald in 2 Klassen, die a und die b. Ich durchlief die Schule also zufällig als Mitglied der a-Klasse unter der ständigen Klassenlehrerin Frl. Reichel.

Es war bestimmt ein Vorteil, dass wir 6 Jahre denselben Klassenlehrer hatten. Sie kannte im Laufe der Zeit ihre Pappenheimer ziemlich genau. Unser übriges Lehrerkollegium war bis auf wenige Ausnahmen bei uns ebenso beliebt wie unser altes Fräulein Reichel. Unsere Klasse bildete eigentlich schnell eine schöne Gemeinschaft. Ich kann mich jedenfalls an keinerlei Streitereien erinnern. Nur zwischen der Klasse a und b gab es vielleicht eine Art Leistungswettkampf. Einige meiner Schulkameradinnen hatten mit mir den gleichen Heimweg, den wir 6 Jahre lang gemeinsam brav getrottet sind. Eine meiner Mitschülerinnen war Marianne G., mit der ich mich auch außerhalb der Schulzeit zum Spielen mit Puppen traf. Vielleicht sind wir auch gemeinsam ins Kino gegangen – das weiß ich nicht mehr ganz genau. Aber Marianne hatte noch eine Schwester die ein Jahr jünger war als wir und die in die Handelsschule ging. Das war Vera. Und die ist viel zu gerne dabei gewesen, wenn wir uns zum Spielen getroffen haben und so nach und nach ergab sich zwischen uns eine schöne Freundschaft. Ganz besonders gerne spielten wir drei auch mit den Stammbuchbildern – stundenlang.

Marianne und Vera wohnten nur 5 Minuten von uns entfernt auf der Klosterstraße. Dort hatte ihr Vater eine Malerwerkstatt. Ich war auch oft bei den zwei Mädels zum Spielen. Die Wohnung ihrer Eltern war noch viel größer als unsere Wohnung. Da hing für uns Kinder eine Schaukel im Durchgang von Korridor zum Badezimmer – herrlich! Und man konnte prima verstecken spielen in den Räumen.

Was mich aber ganz besonders beeindruckte, das war der präparierte Panzer einer Riesenschildkröte unter dem Schreibtisch im Herrenzimmer. Damals konnte ich noch nicht ahnen, dass ich 30 Jahre später selber eine lebendige Schildkröte haben würde.

Es gibt Freundschaften, die überdauern Jahrzehnte – so wie die zwischen Veralein und mir. Das Kriegsende und die Nachkriegsjahre haben uns zwar getrennt, aber irgendwann fanden wir uns wieder – da waren wir inzwischen beide verheiratet und hatten schon Kinder. Das Schöne für uns war, dass sich auch unsere Ehemänner auf Anhieb gut verstanden und ebenfalls Freunde wurden. Veras Schwester Marianne ist leider ledig geblieben. Aber auch mit ihr habe ich wieder Kontakt – wenn auch nur brieflich.

Der Krieg bricht aus

Eines Tages – ich war gerade wieder einmal bei meiner Oma über Nacht, geschah etwas, an das ich mich noch ganz genau erinnern kann! Meine Oma stand gerade

Mein Vater im Lazarett, 1918

neben mir und flocht meine Zöpfe bevor ich in die Schule gehen sollte. Da stürzte meine Mutti aufgeregt zur Wohnungstür herein und rief: "Mutter, Mutter, der Krieg ist ausgebrochen! Deutsche Truppen sind in Polen einmarschiert! Die Kinder brauchen heute nicht zur Schule gehen!"

Es war der 1. September 1939!

Beide Frauen waren sehr erregt – kein Wunder, denn sie hatten ja schon einmal einen Krieg (1914–1918) hinter sich gebracht. Mein Vater war darin schwer verwundet worden und die Familie meiner Mutter (die Hildebrandts) war damals aus der Provinz Posen nach Schlesien vertrieben worden. Und dann kamen die schweren Nachkriegsjahre mit Geldentwertung (Inflation), Not und Arbeitslosigkeit.

Es war also wahr geworden, was die Erwachsenen längst befürchtet hatten. Von diesem Tage an zog die Sorge in die Familien ein.

Die Angst um die Männer, die zu den Waffen gerufen wurden, betraf ja wohl fast alle Familien.

Für uns Kinder ging indessen der Schulalltag weiter. Aber von den „linientreuen" Lehrkräften wurden strenge Rituale eingehalten. Oder mussten sie sich so verhalten? Zum Beispiel kam unsere alte Klassenlehrerin in die Klasse zum Unterricht herein – dann mussten wir alle prompt aufstehen und nach ihrem kräftigen „Heil Hitler" durften wir uns nicht eher setzen, bis sie jeden Arm von uns oben gesehen hat zum „Hitlergruß"!

Während draußen an den Fronten der Krieg tobte, konnten wir in Breslau noch einen ziemlich normalen Alltag leben. Zumindest konnten wir Kinder (ich war gerade 11 Jahre alt) noch nicht ermessen, was dieser Krieg noch für Not über unser Land bringen würde.

Schulalltag in unserer Margaretenschule

Für unsere Schule hat ein früherer Rektor ein wunderschönes Lied geschrieben und vertont, welches wir alle bei besonderen Anlässen immer begeistert gesungen haben. Zum Beispiel zum Ferienanfang gemeinsam im Schulhof oder bei großen Feiern in der Aula.

Als ich mich zum ersten Mal nach über 40 Jahren mit meinen alten Klassenkameradinnen in Köln wiedertraf, da haben wir natürlich auch dieses Lied angestimmt mit der gleichen Begeisterung wie damals. Es hat uns in eine solche Stimmung hineinversetzt, einfach unbeschreiblich, als wären wir noch die Backfische von einst!

Ich möchte gerne den Text unseres „Margaretenliedes" hier aufschreiben. Die Noten zu der wunderschönen Melodie liegen bei meinen anderen Notenblättern am Klavier.

Margaretenlied

Glücksgläubig schau'n wir in die Welt,
wir hängen nie die Ohren,
wer fröhlich sich uns zugesellt,
hat wahrlich nichts verloren.

Uns sitzt das Herz am rechten Fleck,
wir lachen alle Tränen weg
und ins Gesicht dem Schicksal keck,
wenn es etwa will treten
                    uns Margareten!

Schneid' einer der gestrengen Herrn
in unser Maienglücke,
die warme Sonne ist nicht fern,
sie weist ihn schon zurücke.

Was kümmert uns des Tages Streit –
in uns ist Jugend-Fröhlichkeit,
darob die Stürme böser Zeit
ohn' allen Schaden wehten
      uns Margareten!

Bläst drum einmal ein strammer West
um Locken und um Zöpfe,
wir halten unser Herze fest
und steifen nur die Köpfe.

Herr, lege Deine gute Hand
still auf das schöne deutsche Land,
behüt' die Stadt am Oderstrand
und hilf aus allen Nöten
      uns Margareten!

Wir waren in unserer Klasse eine fröhliche Gemeinschaft und wir trieben es mit unseren armen alten Lehrkräften so bunt, wie es wohl Kinder zu allen Zeiten getan haben. Wir hatten aber auch nur betagte (für unsere Begriffe „alte") Lehrkräfte in der Schule.
 Das war kein Wunder, denn die jungen Männer waren längst bei den Soldaten.

Unser Musiklehrer allerdings, der gute Leo Mücke, der war der Schule erhalten geblieben, weil er daheim 7 Kinder hatte. Dadurch war er vom Wehrdienst befreit. Für uns war das ein Glück, denn er hat uns hervorragend in Musik geschult. Wir lernten die Noten vom Blatt weg zu singen, mehrstimmig zu singen und er untermalte den Musikunterricht auch instrumental. Er selbst spielte die Querflöte. Als beste Klavierspielerin der Klasse durfte ich ihn am Flügel begleiten. Darauf war ich damals natürlich sehr stolz. Ja, ja – unser Mücke! Obwohl er verheiratet war und sieben Kinder hatte, verliebten wir uns reihenweise in ihn! Als er sich einmal einen Vollbart stehen ließ, haben wir ihm ein Gedicht geschrieben mit der Bitte, sich doch den „Seeräuberbart" wieder abzunehmen. Dazu schenkten wir ihm eine Rasierklinge. Es hat genutzt – der Bart kam wieder weg.

So durchlebten wir in Breslau verhältnismäßig normal den Schulalltag während des Krieges. Natürlich mussten wir alle der Hitlerjugend angehören. Das äußere Kennzeichen der Mitglieder war die Uniform, die sich aus weißer Bluse, schwarzem Rock, brauner Kletterweste sowie schwarzem Binder und braunem Lederknoten zusammensetzte. Zu allen Heimabenden oder offiziellen Anlässen wurde die Uniform getragen. Und es gab auch schon Lebensmittelkarten. Zu meinem Leidwesen wurde damals das Unterrichtsfach Sport zum Hauptfach erhoben! Und mit Sport hatte ich doch gar nicht viel im Sinn. Nur Schwimmen und Eislaufen, das mochte ich gerne und das konnte ich auch. Zum Erstaunen meiner Turnlehrerin machte ich die Freiprobe und die Fahrtenprobe.

Aber der Krieg ging Jahr um Jahr weiter und so langsam bekamen wir es in der Schule auch zu spüren, dass eben nichts mehr „normal" war. Es kam die Zeit der Kohleknappheit. Wir mussten im Winter in eine andere Schule ausweichen, die noch beheizbar war. Dort wurde buchstäblich im Schichtbetrieb unterrichtet. Eine

Schulbelegschaft hatte vormittags Unterricht und die anderen nachmittags.

Dazu kam, dass immer wieder am Morgen Klassenkameradinnen verweint in die Schule kamen, weil ihr Vater oder der Bruder gefallen war. Das war sehr traurig und bedrückend.

Insofern hatte ich Glück, dass mein Vater nicht mehr an die Front musste. Aber gegen Ende des Krieges, als sie auch noch die Alten und beinahe Kinder zur Verteidigung der Heimat im „totalen Krieg" brauchten, da wurde auch mein Vater in eine kriegswichtige Dienststelle verpflichtet. Sein Büro lag in einem Haus in der Stadtmitte, zu dessen Eingang hinauf mindestens 6-8 Stufen führten. Diese Stufen stürzte Vati eines Abends nach Dienstschluss hinunter.

Dabei brach er eine von seinen beiden Prothesen ab. Nun war er völlig hilflos! Zum Glück hatte er sich nicht noch körperlich schwer verletzt. Ich weiß noch genau, wie ich mit meiner Mutti dorthin geeilt bin und dass ihn irgendeine gute hilfreiche Person nachhause brachte per Auto. Es war für meine Eltern bestimmt eine schlimme Situation, denn eine Ersatzprothese war ja nicht im Handumdrehen zu beschaffen in diesen Zeiten. Was hat mein Vati in seinem Leben alles erleiden müssen- und wieviel stand ihm und uns allen noch bevor!

Jedenfalls wurde Mutti benachrichtigt und wir sind schnellstens zu ihm geeilt, um ihn nachhause zu holen. Es war der furchtbare Tag, an dem man den Juden-Geschäften die Scheiben eingeschlagen hatte. Wir mussten nämlich über Scherben steigen auf dem Weg zu Vati und sahen von weitem den Feuerschein lodern von der brennenden Synagoge. Die berüchtigte Kristallnacht zog herauf!

Am nächsten Tag erst war das ganze Ausmaß zu erkennen: die jüdischen Geschäfte waren demoliert und die Waren lagen auf der Straße herumgestreut. Meine Mutti, die sich lauthals voller Mitleid auf der Straße empörte und über die armen Menschen jammerte, wurde von einem fremden Passanten ermahnt: „Frau, halten Sie doch Ihren Mund, oder wollen Sie sich selbst unglücklich machen?"

Der Fremde hatte vollkommen Recht. Wenn das ein SA-Mann gehört hätte, wäre es meiner Mutter übel ergangen!

Meine Schulfreundin Helga

Ich hatte in der Klasse noch eine richtige feste Schulfreundin, meine kleine Helga Limprecht. Sie wohnte nur leider in einer anderen Ecke von Breslau als ich. Wir hatten uns in der Klasse auch gegenseitig Spitznamen verliehen. So war Helga, weil sie gar so niedlich klein war, die „Helle Limpi". Einige hatten sich Tiernamen gegeben. So war ich z. B. das „Fanterle" – das war die Koseform von Elefant. Warum? Vielleicht, weil ich schon immer von ziemlich kräftiger Statur war. Das wiederum muss damit zusammenhängen, dass meine Vorfahren bäuerlichen Geschlechts waren und einen rustikalen breiten Knochenbau hatten. Aus mir konnte im ganzen Leben keine schlanke Tanne werden. Aber bitte – es stellte sich im Laufe des Lebens heraus, dass mein Typ gerade sehr gefragt war beim anderen Geschlecht! Mir kam später, als ich älter wurde und auch noch mehr Literatur gelesen hatte, ein Wort von Goethe nie mehr aus dem Sinn, denn es trifft ganz genau auch auf mich zu, was er da von seinen Eltern sagte:

> Vom Vater hab' ich die Statur,
> des Lebens ernstes Führen.
> Vom Mütterchen die Frohnatur
> und Lust zum Fabulieren!

Doch nun zurück zu meiner Helle Limpi. Ich war oft bei ihr zuhause. Vor allen Dingen, wenn es um die von uns beiden so verhasste Matheschularbeit ging. Da konnte Herr Limprecht so prima helfen, denn er war Kaufmann. Die Eltern besaßen einen großen Porzellanwarenladen. Wenn nicht der Herr L. sich um unsere Mathearbeiten kümmerte, dann war es mein Vati. Dadurch, dass er so spät als Erwachsener erst die Mittlere Reifeprüfung abgelegt hatte, war er noch voll in den geforderten Rechenkünsten drin.

Aber so manches Mal ergab sich dann, dass unser Mathelehrer, der Rektor Klose, erklärte: "Heute hat der Vater Limprecht (oder Missal) aber wieder gut gerechnet – oder falsch!" Wir beide hatten ja immer das gleiche Ergebnis: entweder richtig oder falsch! Damals war es kurios – heute sind es herrliche Erinnerungen an die Schulzeit.

Auch Helgas Vater musste eines Tages zum Militär einrücken. Aber wenn er mal auf Urlaub kam und ich zufällig bei Helga weilte, dann wurde schön musiziert. Herr L. spielte auch Klavier und besonders schön Geige. Helga wiederum war ein kleiner Meister auf dem Akkordeon. Das Instrument war so groß, dass das zierliche Mädchen fast dahinter verschwand. Ganz besonders gerne spielte Herr L. mit mir die A-Dur Sonate von Mozart – er mit der Geige und ich am Klavier. Wenn wir die spielten, dann trillerte der kleine Kanarienvogel von Limprechts andächtig mit. Er flog auch frei in der Stube herum und wenn er Helgas Foxterrier erwischen konnte, dann setzte er sich dem Hund auf den Kopf und der trug ihn dann in der Stube spazieren.

Helga hatte auch noch einen Bruder, der ein paar Jahre älter als wir war. Emil konnte mich gut leiden und darauf durfte ich mir direkt etwas einbilden, denn mit Helgas anderen Freundinnen hatte er nicht so viel im Sinn. „Deine Ulle Missal, das ist die einzig wirkliche Freundin" sagte er einmal in meiner Gegenwart zu Helga. Sie hatte damals eine sehr ansteckende Krankheit und ich bin trotzdem an ihr Bett gekommen. Dabei haben wir zwei den Emil oft genug geneckt wegen seines Namens! Damals gab es eine Schallplatte mit Gesang von Claire Waldoff mit dem Text; „Emil, wenn du Hunger hast, da brauchste nicht zu flennen, Emil, wenn du müde bist, bei mir da kannste pennen! Emil, wenn du dir vergisst, Emil, wenn dir mal so ist – dann komm bei mir!" Es war für die damalige Zeit ein ganz frivoler Text. Und genau diese Platte haben wir ihm zum Geburtstag geschenkt. Aber – wie gesagt – Emil war uns gewogen und hat das nicht krumm genommen. Im Gegenteil. Wenn ich abends nachhause gehen musste, dann hat er mich bis zu meiner Haustür begleitet – und das war ein ziemlich weiter Weg. Es war ja außerdem totale Verdunklung in der Stadt wegen Fliegerangriffen.

Ja, Emil war schon ein richtiger Kavalier, der sich galant mit einem Handkuss von mir verabschiedete.

Ich glaube, er wurde gegen Ende des Krieges auch noch eingezogen, denn er war ja schon 18 Jahre alt. Es gab nun eigentlich nur noch die Alten und gebrechlichen Männer in der Heimat und die Kinder. Und das Einzugsalter der „Pimpfe" ging auch immer weiter zurück.

Wenn Helga zu mir kam brachte sie manchmal ihr Akkordeon mit. Dann wurde bei uns Hausmusik gemacht, und das gefiel meinem Vati ganz besonders. Er hat sich dann seine Lieblingsstücke gewünscht. Mit Mutti konnte ich damals sowieso wunderbar 4-händig spielen. Es gab ja auch noch nicht die vielen technischen Musikgeräte wie heute. Man hatte allenfalls einen Plattenspieler – ansonsten hörte man Radio, machte selber Musik oder ging in Konzerte. Von Fernsehen war da noch nicht die Rede, Dafür ging man öfter einmal ins Kino. Wir – meine Eltern und ich – sind besonders oft ins Kino gegangen. Wir waren alle drei begeisterte Filmfreunde. Ich bin es auch heute noch. Allerdings in meinem eigenen Pantoffelkino, wo ich mir herauspicken kann, was nach meinem Geschmack ist. Wenn alte Filmwiederholungen kommen, die ich besonders liebe, dann werden für mich tausend Erinnerungen wach. Meine Eltern sind aber mit mir auch in Breslau in die großen Varietétheater gegangen. Im „Liebich" oder im „Wappenhof" traten renommierte Künstler auf. Ich erinnere mich z. B. an den Clown Grock, an Charly Rivel, an Carl Napp und natürlich an unseren Schlesier Ludwig Manfred Lommel!

Einmal saßen im Liebich-Theater am Nebentisch von uns die Filmschauspieler Paul Kemp und Heinz Rühmann.

Jedenfalls ist die Liebe zur Musik bei mir sehr gefördert worden, wofür ich heute noch meinen Eltern dankbar bin. Klavierstunden, Geigenstunden – alles kostete Geld. Aber ich habe sogar schon ein wenig Geld verdient zu der Zeit!

Das war eine besonders schöne Angelegenheit, Mit meiner Freundin Helga und mit noch einigen Mädels aus unserer Klasse bin ich eines Tages in den Kinderchor des Reichssenders Breslau eingetreten, Ich weiß heute nur nicht mehr, wer uns denn darauf gebracht hat. Zweimal in der Woche fuhren wir am Nachmittag ins Funkhaus in den Südpark von Breslau zu den Proben. Wir wurden dort gut geschult von unserem Chorleiter. Jedes Kind musste einzeln das Lied einwandfrei singen können bevor wir es als Chor sangen. Dann erst wurden Schallplattenaufnahmen gemacht. Viele schöne Kinderlieder haben wir auf Platte aufgenommen. War die Aufnahme geglückt, dann mussten wir uns in Reih' und Glied aufstellen und bekamen sofort unsere Gage ausgezahlt. Für ein Lied erhielten wir zwischen 8,-- und 10,-- Mark. Das war damals nicht wenig. Na, wir waren vielleicht stolz und haben auf der Heimfahrt vom Funkhaus in der Straßenbahn „wie eine Tüte Mücken" angegeben. Es war aber auch eine aufregende Sache, so ein Funkhaus von innen kennenzulernen! Ich weiß noch genau, dass im Studio neben unserem, wo wir Kinder probten, das Tanzorchester Egon Kaiser gearbeitet hat. Wenn wir mit unseren Proben oder Aufnahmen fertig waren, dann haben wir manches Mal gebettelt, ob wir nicht bei den Herren vom Orchester Kaiser ganz leise zuhören durften. Wir wussten ja, wie still wir uns verhalten mussten, denn wir selber mussten auch so manche Tonaufnahme mehrmals machen, bis sie endlich ohne jede Nebengeräusche geglückt war. Und wenn das rote Licht anging, hieß es auch damals schon: Ruhe – Aufnahme!

Ja, die Musik war schon immer meine liebste Freizeitbeschäftigung. Was sie mir einmal für ein großer Tröster sein würde, das konnte ich damals noch nicht ahnen. Es gab auch in Breslau noch etwas, was meine Musikliebe förderte! Durch die Heirat meiner Tante Friedel (Muttis Schwester) mit Zahnarzt Schmidt kam dessen Schwester zu unserer Familie. Diese – Vally Schmidt-Will – war damals schon eine gefeierte Konzertpianistin, eine große Lisztinterpretin. Wenn Tante Vally in Breslau im Konzerthaus ein Konzert gab, dann bekam ich einen Platz in der ersten Reihe, damit ich schön ihre Hände beobachten konnte. Auch im Rundfunk konnte man sie spielen hören – sie wurde angesagt als eine der besten Liszt- Interpretinnen Deutschlands. Ihre wunderschönen langen Galakleider nähte ihr meine Oma Hildebrandt. Wenn Tante Vally nach einem Auftritt am Flügel stand, der von Blumensträußen von ihren Bewunderern umgeben war, und so lange gefeiert wurde, bis sie als Zugabe endlich die „Liebesträume" spielte, dann habe ich unten immer in Tränen aufgelöst gesessen. Es war einfach überwältigend wie sie spielte. Ich habe auch mal einem Konzert ihrer Meisterschüler zuhören dürfen. Alles natürlich im festlichen Rahmen mit Abendgarderobe und – wie gesagt – meisterhaft dargeboten!

Ich glaube heute, dass auch für diese begnadete Künstlerin ihr großes Leid nur durch ihre Musik zu bewältigen war. Tante Vally war nur ganz kurz mit einem Geigenvirtuosen verheiratet. Eine Künstlerehe. Dann musste auch ihr Mann in den Krieg – obwohl er Brillenträger war. Es kam natürlich zur Katastrophe! Er ist sofort gefallen – gleich beim ersten Einsatz.

Der Kummer mit der Haut

Während der 6 Schuljahre in der lieben alten Margaretenschule (in die übrigens auch schon meine Tante Friedel ging) habe ich aber auch an einer Hautkrankheit gelitten, die man damals noch nicht als Neurodermitis erkannt hat. Es war so schrecklich, dass ich oft wochenlang nicht zur Schule gehen konnte, weil ich mit dicken Verbänden versehen war (um Kniekehlen, Ellenbogenbeugen und um den Hals). Ich war jahrelang Stammgast in der Breslauer Universitäts-Hautklinik. In Reih' und Glied standen dort wir kleinen Patienten und wurden erst mit Teer und dann mit Schwefelpuder verarztet. Es brannte höllisch, aber nach ein paar Wochen war darunter eine neue Haut. Nicht lange – dann fing der Spuk mit dem irrsinnigen Jucken von vorne an. Mutti und ich haben oft gemeinsam geweint, wenn sie mich zuhause versalben musste. Ich weinte, weil es mir so weh tat und sie, weil sie das als Mutter so sehr erbarmt hat. Einmal war die Haut so schlimm, dass ich es nur noch mit einem Schlüpferchen bekleidet zuhause aushalten konnte. Genauso – halbnackt – habe ich vor meinem Klavier gesessen und gespielt, nur um nicht so sehr an die Schmerzen denken zu müssen.

Die ganze Haut vom Hals herunter bis auf die Brust brannte, dass man kein Kleidungsstück darauf ertragen konnte. Zum Glück war es fast sommerlich warm. Die Nächte waren auch eine besondere Qual.

Nur auf einem glatten Leintuch hielt ich es im Bett aus. Die Hände waren in Leinenhandschuhe verpackt, damit ich nicht kratzen konnte, und zugedeckt war ich auch nur mit einem kühlen Leinentuch. In der Hautklinik hing über dem Schreibtisch der Ärztin ein Spruch, der bezeichnend war für uns kleine Hautpatienten:

Ich wollt' ich wär' ein Elefant,
    dann würd' ich jubeln laut!
Es ging mir nicht ums Elfenbein –
    nur um die dicke Haut!

Ich glaube, dass ich mit dieser Krankheit damals schon viel von meinen Nerven eingebüßt habe. Zum Glück trat diese Juckerei nur schubweise auf, und wenn ich wieder in die Schule gehen konnte war meine Freude umso größer. Auch meine Lehrer ließen mich spüren, dass sie sich mit mir freuten, wenn ich wieder am Unterricht teilnehmen konnte. Unser Rektor Klose (übrigens der Vater des jetzigen Politikers Klose in Hamburg) holte mich dann vor die Klasse, legte den Arm um mich und sagte strahlend zu den Mädels: „Nun guckt euch doch mal die Missal an, die hat sich wieder gehäutet wie eine Schlange!"

Überhaupt war mir der Rektor wohlgesonnen. Er wusste, dass mein Vater auch als Invalide aus dem ersten Weltkrieg gekommen war – wie er! Herr Klose hatte ein ganzes Bein verloren. Wenn mein Vati manchmal für mich ein paar Tage Ferienverlängerung erbat, damit ich als Erntehelferin nach Sarbia fahren konnte, dann hat er das ohne weiteres bewilligt.

Ferien in Sarbia

Durch die großzügige Geste des Rektors konnte ich also manches Mal anstatt 6 Wochen gleich 8 Wochen in Sarbia in den Sommerferien bleiben. Natürlich habe ich auch wirklich aktiv bei der Ernte mitgeholfen. Mein Opa und auch Vatis Schwester, die Tante Friedchen, waren inzwischen verstorben. Meine Oma wurde im Winter immer ziemlich kränklich mit schlimmem chronischem Husten. Aber im Sommer, in der Wärme, da ging es ihr wieder besser. Ihre treue Jolca hatte sie ja auch noch zur Seite. Und die Verwandten waren im Ort und halfen wie immer, wenn es um die Feldarbeit ging. Das Leben in so einem polnisch/deutsch besiedelten Dorf war aber auch

In Sarbia

nicht vergleichbar mit unserem Leben in der Großstadt. In Sarbia gab es damals noch keine Elektrizität. Am Abend wurden die Petroleumlampen angezündet. Gekocht wurde auf dem großen Kohleherd in der Küche – und wie gut! Die Butter habe ich auch noch selber im hölzernen Butterfass stampfen dürfen. Die Sahne dazu wurde vorher in der Küche durch die große Zentrifuge gewonnen. Man schüttete oben die Milch hinein und rechts und links floss dann getrennt die Sahne und die entrahmte Milch heraus. Auch die Zentrifuge wurde mit der Handkurbel betrieben.

Bei der Ernte im Sommer haben wir die Getreidegarben noch mit der Hand gebunden und zu Puppen aufgestellt. Die Kunst, auf Stoppelfeldern barfuß zu laufen, die habe ich dort auch gelernt. Ein großer Leiterwagen kam dann immer die Garben einsammeln.

Sie wurden mit der Forke hochgereicht (die Forke war ein dreizinkiges Gabelgerät). Das war Männersache, die Garben damit hochzureichen bis der Wagen voll

In Sarbia

aufgetürmt war. Daheim im Gehöft angekommen fuhr der Erntewagen in die Scheune ein und es wurde rechts und links bis unters Dach die Getreideernte eingelagert. Wenn es ans Dreschen ging, dann spannte mein Onkel Wilhelm die Pferde vor den Göpel. Der Göpel ist ein dicker Balken, eine Art Deichsel in einer Drehvorrichtung, Die Pferde mussten nun immerzu im Kreis laufen und trieben mit diesen Umdrehungen im Motorschuppen nebenan eine Maschine an. Über eine riesige Übersetzung mit einem Riemen wurde dadurch in der Scheune die Dreschmaschine in Bewegung gesetzt. Es wurde praktisch mit Pferdestärken Strom erzeugt. Und das war für damalige Zeiten schon ein moderner Betrieb!

Aber mit was wurde in Sarbia geheizt? Nicht mit Kohle, sondern mit Holz und Torf. Mit Hubert, meinem ältesten Cousin, habe ich sogar Torf gestochen und in die Formen gekleistert. Das ging etwa so vor sich:

Die sogenannten Torfkaulen (mit Wasser gefüllte moorige Gruben) lagen dicht an Onkel Wilhelms Wäldchen, Dorthin mussten wir mit den Fahrrädern oder dem Pferdegespann erst einmal fahren. Dann stieg ich mit dem Badeanzug bekleidet hinein in die moorige Brühe, die mir weit über die Taille reichte. Mit einem Spaten musste ich unter Wasser einen Klumpen vom Rande abstechen. Das war gar nicht so schwer, denn sonst hätte ich es ja gar nicht gekonnt. Der Klumpen Torf schwamm nämlich sofort an die Oberfläche des Tümpels und dort angelte mein Cousin ihn heraus und trug ihn zu den bereitliegenden Formen. Dort wurde er zum Trocknen reingestrichen und wenn die Masse nach Tagen getrocknet war, dann waren es dicke Torf-Briketts, die nachhause geholt wurden. Damit wurde sowohl der Küchenherd gefeuert zum Kochen und im Winter wurden auch die Stubenöfen damit zum Bullern gebracht.

Derjenige, der in der Torfkaule arbeitete, war natürlich braunbeschmiert vom Moorwasser. Aber gleich nebenan war eine leergeräumte Torfkaule mit klarem Wasser, in der man sich abwaschen konnte. Für meine Rheumaknochen war das bestimmt eine sehr gesunde Arbeit und hat obendrein mächtig Spaß gemacht.

Uschi, der Frechdachs

Für uns Kinder gab es natürlich nicht nur Erntearbeiten aller Art, sondern vor allen Dingen viel Freizeitspaß. Und außerdem rutschte ich so ganz allmählich aus der Kindheit hinüber in die schöne Jungmädchenzeit! Damals gab es den Ausspruch „mit 14 Jahren und 7 Wochen ist der Backfisch ausgekrochen".

Nun fanden sich die Jugendlichen aus dem Dorf zu Heimabenden zusammen. In fröhlicher Runde wurde gesungen oder Volkstanz getanzt. So manches Stehgreifspiel habe ich mit den Freunden einstudiert, und wenn ich jetzt nach Sarbia kam, da hatte ich plötzlich meinen Spitznamen weg: Uschi, der Frechdachs!

Darüber habe ich noch oft im Leben in der Erinnerung lachen müssen. Ausgerechnet ich, die sich daheim immer schön leise und artig verhalten sollte, habe wohl in Sarbia „mein Kalb ausgetrieben"! Es war wahrscheinlich das Ventil, das ich brauchte.

Natürlich habe ich mich rein äußerlich durch meine städtische Kleidung von der Dorfjugend abgehoben und auch eine andere Schulbildung gehabt. So sehe ich das heute. Damals war mir der Unterschied gar nicht so bewusst. Ich kannte sie alle im Dorf und es war wie ein zweites Zuhause für mich. Außerdem war es ein schönes Gefühl, ein paar Wochen dort Hahn im Korbe zu sein.

Als ich mich nun so zu einem munteren Backfischlein mauserte, da waren mir zumindest die Mädchen im Dorf nicht mehr so gewogen. Meiner Cousine Lolli und mir lagen nämlich die nettesten Burschen des Dorfes zu Füßen. Das waren die zwei Söhne vom Herrn Oberlehrer und die beiden Söhne vom Herrn Bürgermeister. Eine Zeit der harmlosen Schwärmereien und Neckereien begann und man war ganz einfach stolz, wenn man genau von diesen Jungen zum Tanz aufgefordert wurde, auf die man selber schon ein Auge geworfen hatte. Ach, was hatte ich mit meiner lieben Lolli (Abkürzung von Isolde) für einen Spaß! Manches Mal spannte Lollis Vater auch den großen Kastenwagen ein, mit Bänken hüben und drüben, packte die Jugend hinein und ab ging's zu einem Dorffest in einen anderen Ort. Unvergesslich sind mir diese fröhlichen Abende mit Singen, Volkstanz und Schunkeln! Heimwärts fand das Pferdegespann – die Pferde hießen übrigens Hans und Liese – seinen Weg allein. Da konnte Onkel Wilhelm schon mal einen über den Durst getrunken haben und mit uns übermütig auf dem Wagen bis nachhause singen und schunkeln.

Mittlerweile neigte sich der Krieg seinem bitteren Ende zu.

Auch mein Cousin Hubert war schon bei den Soldaten. Ich staune heute noch, dass mich meine Eltern nun auch schon mal allein nach Sarbia (eingedeutscht hieß es inzwischen Niederwaiden) fahren ließen. Meine Route war mit dem D-Zug Breslau–Kosten–Lissa–Rawitsch–Posen. In Posen musste man in einen Nahverkehrszug umsteigen bis Wongrowitz (eingedeutscht hieß es Eichenbrück). Von dort wurde ich mit dem Pferdegespann abgeholt. Im Winter kam der Pferdeschlitten zur Bahn. Unvergesslich, so eine Fahrt! Immerhin waren es wohl noch 20 km über Land nach Sarbia.

Breslau, im Jahre 1943

Ein bedeutender Tag in meinem Leben rückte näher. Einen Tag vor meinem 15. Geburtstag, am 6. März 1943, bin ich in der Königin Luise Gedächtnis Kirche konfirmiert worden. Sogar meine Oma und Onkel Wilhelm aus Sarbia waren zu diesem Ereignis nach Breslau gekommen. Damals gingen die Konfirmandinnen noch in Weiß. Aber uns ist es trotz größter Bemühungen nicht mehr gelungen, ein weißes Kleid in meiner Größe aufzutreiben. Wir fanden aber ein sehr schönes dunkelblaues Seidenkleid, das sehr festlich wirkte. Ich habe es sogar dann auf die Flucht mitgenommen und Mutti hat es mir immer wieder umgeändert, damit ich es noch lange tragen konnte. Durch die Konfirmation fühlte man sich nun doch schon ein wenig erwachsen. In der Schule wurden wir von Stund' an gesiezt und auch rein figürlich war man auf einmal erwachsener.

Wir sind damals 2 Jahre in Konfirmandenunterricht gegangen. Anfangs hatte ich sogar noch meine langen Zöpfe. In unserer Gruppe waren auch Oberschüler von 18 Jahren. Entsprechend aufgedreht war dann auch das junge Völkchen beim „Konfe"-Unterricht. Einmal, als ich aufgerufen wurde vom Pfarrer, konnte ich nicht aufstehen um zu antworten: die Jungen hinter mir hatten meine Zöpfe an die Stuhllehne geschraubt!

Ein anderes Mal bettelten sie mich alle, ich solle doch etwas auf dem Harmonium spielen, bevor der Herr Pfarrer käme. Also – ich ließ mich nicht lange bitten. Zu der Zeit konnte ich vieles auswendig spielen und so ging ich ans Instrument und schmetterte ganz fesch „Heinzelmännchens Wachtparade". Ich war so vertieft, dass ich nicht merkte, dass hinter mir schon längst der Herr Pfarrer stand! Zum Glück war es ein sehr netter Mensch mit viel Verständnis für uns junge Leute. Außerdem haben wir Mädchen ihn alle angehimmelt. Als er uns nach der Konfirmation in der Sakristei die Urkunden aushändigte und uns der Reihe nach in den Arm genommen hat, da sind bei uns reichlich Tränen geflossen.

In dem Sommer 1943 verbrachte ich meine großen Ferien wieder in Sarbia bzw. Niederwaiden. Ganz überraschend kam auch Hubert nachhause auf Heimaturlaub. Hubert war übrigens der älteste von seinen Geschwistern und ungefähr 7 Jahre älter als ich.

Es ist schon eigenartig, wenn man sich plötzlich – erwachsen geworden – gegenüber steht. Die unbefangene Kindheit war vorüber, das haben wir wohl beide gespürt. Es wurde ein zauberhafter Sommer mit der ersten zarten Andeutung einer gegenseitigen Zuneigung, Wir waren ja meist in Gesellschaft der Familie oder unserer jungen Freunde. Aber man war – wie alle jungen Leute in dieser Situation – erfinderisch. Es gab ja auch die Möglichkeit, sich unter dem Tisch bei den Händen zu fassen oder sich heimlich und verstohlen glücklich anzusehen. Mehr nicht? So werdet ihr fragen. Nein – es war nur dieses innige Verstehen und das genügte uns. Das Verliebtsein war ein ganz seliger Zustand für uns, ein heimliches Glück. Nach kurzer Zeit musste Hubert wieder abfahren an die Front.

In meinen Weihnachtsferien (1943/44) durfte ich wieder nach Sarbia fahren. Natürlich hatten die Reisen in den Kriegszelten auch den Grund, von unseren Verwandten Lebensmittel nach Breslau zu holen. Und diese bekamen wir immer reichlich und brauchten daher im Krieg nie zu hungern, bzw. nur auf Marken zu leben.

Wir nahmen dafür unseren Verwandten gutherhaltene Kleidung oder irgendwelche nützlichen Gegenstände mit, die es dort kaum gab. So halfen wir uns gegenseitig.

Zu diesem Jahreswechsel 1943/44 kam unverhofft einen Tag vor Silvester auch Hubert auf kurzen Heimaturlaub. Die Freude über sein überraschendes Auftauchen war bei uns allen groß! Schön sah er schon aus in seiner Uniform! Er war ja auch ein hübscher Kerl – so eine Mischung aus Johannes Heesters und Rudolf Prack. Das waren seinerzeit die Inbegriffe einer Mädchenschwärmerei.

Doch mit dem Unbefangensein meinem Cousin gegenüber war es auf einmal vorbei und ich spürte dasselbe auch von seiner Seite.

Ich habe mich tagsüber ja immer bei meinen Verwandten aufgehalten, weil dort eben die ganze Jugend war – Hubert, Trautchen, Lolli, Gundchen und Willi jun. An langen Winterabenden spielten wir oft stundenlang das so beliebte Lotteriespiel. Ich glaube, Hubert konnte mogeln! Er hat immer schon im Voraus gesagt, wann ich das große Los gewinnen würde. Auch in der Silvesternacht haben wir bis zum Jahreswechsel alle miteinander ein paar Stunden Karten gespielt. Keiner von uns ahnte damals, dass es nie wieder so gemütlich sein würde. Schon ein reichliches Jahr später mussten meine Verwandten mit dem Treck Haus und Hof verlassen und flüchten vor der herannahenden Front der Russen. Ihre Gehöfte haben sie ihren treuen polnischen Knechten vorher übergeben zur Bewirtschaftung. Vielleicht in der Hoffnung, einmal wieder dorthin zurückkehren zu können. Auch meine Oma hat ihr Anwesen ihrer Magd Jolca ans Herz gelegt – und nie wiedergesehen.

Liebe und Abschied.

Als mich Hubert in der Silvesternacht nachhause begleitete zu Omas Häuschen, fragte er mich unvermittelt:

„Uschka, wie alt bist Du jetzt eigentlich?" „Ich werde im März 16 Jahre alt", sagte ich „Mein Gott", hat Hubert daraufhin sinniert, „du bist noch so jung!" Was mag dem guten Hubert im Kopf herum gegangen sein? Man stand ja schon wieder unter dem Gedanken der bevorstehenden Trennung.

Am übernächsten Tag musste er schon wieder im Fronturlauberzug nach Frankreich sitzen!

Wir sind ziemlich schweigend die lange Dorfstraße entlang gewandelt im tiefen Schnee und nur mit Himmelsbeleuchtung, denn Laternen gab es ja nicht in Sarbia. Hubert hatte den Arm um meine Schultern gelegt und wir ließen uns viel Zeit für den Weg. Wir waren nicht mehr weit von Omas Häuschen entfernt, als mich Hubert ganz leise fragte, ob ich ihn denn auch lieb hätte. Ob ich darauf nur genickt habe oder eine Antwort gegeben habe – das weiß ich nicht mehr genau. Aber die wenigen Sätze, die wir vorher gesprochen haben, sind wortwörtlich in meiner Erinnerung geblieben. Wir waren inzwischen im Vorgärtchen von Omas Haus angelangt. Da hat mich dann Hubert kurzentschlossen ganz fest in die Arme genommen und ich habe den ersten innigen Kuss meines Lebens bekommen. Hubert war ja wirklich meine erste große Liebe – aber nun, nach diesem ersten Kuss habe ich so gezittert, dass ich kaum ins Haus schleichen konnte. Zu meinem Glück schlief die Oma in der Winterskälte unter einem Berg von Federbetten und hat mich nicht kommen hören. Ich habe nämlich die ganze Nacht neben ihr wachgelegen und am ganzen Leibe gezittert vor Aufregung. Das alles werde ich nie, nie vergessen!

Der Neujahrstag ging viel zu schnell vorbei und ich musste nach Breslau zurück. Hubert wollte solange es irgend ging mit mir zusammen sein und richtete es kurzerhand so ein, dass er mich nach Breslau begleitete. Dort wollte er eine Nacht bei meinen Eltern übernachten und am nächsten Tag von Breslau aus in einem Fronturlauberzug nach Frankreich fahren – zu seinem bestimmten Einsatzort.

Die Fahrt nach Breslau in einem überfüllten Zug war sehr beschwerlich. Wir konnten gerade noch zwei Plätze, die sich gegenüber lagen, erwischen. Die ganze lange Fahrt hielten wir uns an den Händen fest. Spät abends kamen wir erst in Breslau an. Meine Eltern staunten nicht schlecht, als wir sie aus den Betten klingelten. Wegen der Fliegeralarme, die meine inzwischen sehr schwerhörige Oma Hildebrandt nicht hören konnte, schlief die Oma auch in unserer Wohnung in meinem Zimmer.

Natürlich war die Freude über das unverhoffte Wiedersehen mit Hubert groß für meine Angehörigen, denn Hubert war früher schon einmal als Ferienkind ein paar Wochen in Breslau gewesen. Daher kannte ihn auch meine Oma Hildebrandt.

Wir beide – Hubert und ich – standen leider die ganze Zeit unter dem Gedanken an die bevorstehende Trennung. Er hat mich in den Stunden, während wir noch mit den Eltern und der Oma zusammensaßen und uns unterhielten, fortwährend zärtlich angeschaut.

Das ist natürlich nicht unbemerkt geblieben. Zufällig habe ich eine Unterhaltung zwischen Mutti und Oma belauscht, die in der Küche neben meinem Zimmer das Geschirr spülten. Die beiden Mütter machten sich große Sorgen um uns! „Was soll denn das werden, Irmgard?," fragte die Oma. „Sie sind doch miteinander verwandt! Man sieht es doch dem Jungen an, wie er die Ursel anschaut!" (Wir trugen beide den Namen Missal) – Ach, die beiden Mütter haben sich ganz umsonst gesorgt – leider! Die Regie in unserem jungen Leben führte, wie meist, eine höhere Macht.

Am nächsten Morgen durfte ich einen letzten Weg mit Hubert gehen: zum Breslauer Hauptbahnhof. Dort stieg er nach einem letzten Abschiedskuss in einen dick besetzten Fronturlauberzug ein und ich blieb wie all die anderen Frauen und Mädchen winkend am Bahnsteig zurück. Winkend und weinend natürlich. Es war so herzzerreißend!

Man winkte und winkte solange es irgend ging den Soldaten nach. Bei allen blieb die bange Frage offen: werden wir uns wiedersehen?

Ein paar Wochen später, zu meinem Geburtstag im März 1944 kam an mich ein letztes Lebenszeichen von Hubert. Es war ihm wahrscheinlich völlig gleichgültig, was meine Eltern dazu sagten oder dachten, denn er schrieb auf einer offenen Feldpostkarte: „Meine geliebte Uschka, ..." Inhaltlich ließ er wissen, dass er sich nun dort befindet, wo man sagt ‚In dem schönen ..., da pfeift der Wind so stille!' Nun wussten wir, dass Hubert in Frankreich in Lille bei der Truppe war.

Dann kam keine Post mehr nach Breslau. Aber seine Angehörigen in Sarbia erhielten die Nachricht, vor der damals jeder Familie graute: „Gefallen für Führer und Vaterland"! Wir bekamen die entsetzliche Mitteilung dann durch Onkel Wilhelm – seinen Vater. Huberts Mutter, meine Tante Amanda, war erst einmal zusammengebrochen und sie starb auch sehr bald nach der Flucht. Wenn man auch so einen hoffnungsvollen Sohn hergeben musste. Und wie vielen abertausend Müttern ist es so ergangen im Krieg. Und wie viele Frauen haben um ihre Männer weinen müssen.

Huberts Schwester Gundchen hat später nach dem Krieg lange gesucht, bis sie endlich das Soldatengrab gefunden hatte, in dem unser Hubert ruht. Sie hat es sogar fotografiert, weil es mit Blümchen geschmückt war. Irgendwo an der holländischen Grenze liegt Hubert begraben, denn er ist bei Arnheim gefallen.

So endete meine erste große Liebe noch ehe sie richtig begann.

Und nun kam auch ich früh weinend in die Schule. Meine kleine Freundin Helga hatte ein halbes Jahr vorher um ihren Cousin geweint, der gefallen war. Nun tröstete sie mich, so wie ich sie zuvor getröstet hatte. Was für Zeiten für uns junge Leute! Kein Wunder, dass wir alle sehr viel früher ernster und reifer wurden, als Jahre später die heranwachsenden Generationen in Friedenszeiten.

Breslau im Frühjahr 1944 – Abschied von der Schulzeit

Wir waren durch Huberts Tod nun auch in unserer Familie vom Krieg direkt betroffen. Auch mein Onkel Hugo kam verwundet gerade mal noch aus Stalingrad heraus. Es war gut, dass wir noch nicht ahnten, was uns in der Heimat noch bevorstand.

Die Erwachsenen, die wie meine Eltern schon einen Krieg erlebt hatten, machten sich bestimmt mehr Sorgen, denn ich kann mich erinnern, dass mein Vati und Onkel Hermann mit einer Decke über dem Kopf vor dem Radio saßen und ausländische Sender abhörten. Sie wollten die Meinung unserer Feinde hören, denn wir bekamen ja nur Siegesmeldungen über unsere Sender aufgetischt. Aber wehe, wenn sie bei der Tätigkeit erwischt worden wären!

Für mich gab es zu dieser Zeit immer noch volle Ablenkung in der Schule, die nun ihrem Ende entgegenging. Wir Schüler steckten in dicken Abschlussarbeiten zum Reifezeugnis. Damals wurde man zu Ostern aus der Schule entlassen. Doch vorher gab es noch ein ziemlich unfreiwilliges Kapitel in meinem Leben. Durch den absoluten Lehrermangel suchte man in den Abgangsklassen jeweils ein paar von den guten Schülerinnen aus und denen redete man zu, in ein Lehrerinnen-Prüfungslager zu fahren, um in einem 14-tägigen Prüfungsseminar auf die Eignung zum Lehrerberuf getestet zu werden. Ich wurde also auch zu diesem „Glück" bestimmt und dampfte mit einigen Klassenkameradinnen nach Bolkenhain. Dort gab es jeden Tag in allen Fächern Prüfungsarbeiten zu schreiben. Nun bin ich aber noch nie ein Mensch gewesen, der sich in so einem Lagerleben in einer großen Gruppengemeinschaft wohl fühlte. Das war schon während der ganzen Zeit als Jungmädchen und BDM-Mädchen so. Zu den sogenannten Heimabenden und Sportveranstaltungen hat meine Mutti gerne massenhaft Ausreden und Entschuldigungszettel geschrieben.

In Bolkenhain kam eines Tages der Herr Oberschulrat aus Breslau als Gast in eine unserer Stunden (ein Goldfasan – wie die SA-Leute damals im Volksmund hießen). Es war ein Herr im gesetzten Alter und er verlangte von uns, dass wir ihn duzen sollten! Na, das war für mich schon mal ein unmögliches Ansinnen! Mir wird so schnell nicht schlecht vom Magen aus. Aber in Bolkenhain habe ich mehrmals überm Klo gehangen und mich übergeben – so sehr hat mich dieses Leben dort aufgeregt. Von meinem Nervenkleid her wäre ich sowieso nie eine geduldige Lehrerin geworden – vielleicht von den Leistungen her. Aber ein gütiges Schicksal hat mich davor bewahrt, auserwählt zu werden. Und das habe ich wiederum meiner anerzogenen Höflichkeit zu verdanken! Beim Sport musste jede von uns einmal eine Riege befehlen.

So ungefähr:" Das Ganze der Größe nach vor mir angetreten"!

Und was habe ich jedes Mal prompt gerufen? „Bitte das Ganze...!". Ich bekam unmöglich den befohlenen Drilljargon heraus. Deshalb bin ich im Endergebnis abschlägig beurteilt worden und war zuletzt heilfroh darüber.

Was ich damals nicht wusste, dass zur gleichen Zeit in Bolkenhain auch schon mein Achim war. Wir haben es später im gegenseitigen Erzählen über unser Leben festgestellt. Und zwar war er in einem Zeltlager der HJ in der Nähe von unserem Haus untergebracht. Und genau diese Jungen haben wir so oft bemitleidet, weil sie so gedrillt wurden von irgendeinem verrückten HJ-Führer. Sie mussten beispielsweise in der Hocke bergauf hüpfen und dergleichen Scherze mehr. Dort war die Gegend ziemlich hügelig und es war eine absolute Gemeinheit, so etwas zu verlangen.

Ich bedaure sehr, dass mein Vater mein Abschlusszeugnis nicht zu seinen Papieren gesteckt hat, als wir Breslau verlassen mussten. Aber das war wohl für ihn in diesem aufregenden Moment nicht so entscheidend wie seine Beamtenpapiere und Dokumente, die für die Familie wichtig waren, einzustecken.

Schulentlassung – Freude und Tränen

Die letzten Wochen in unserer lieben alten Schule brachen an. Wir waren voll beschäftigt – nicht nur mit Prüfungsarbeiten sondern auch mit Proben für unser Schulabgangsfest, das wir für unsere Lehrer und Eltern gestalten wollten. Das Fest sollte im kleinen Konzerthaussaal stattfinden und stand unter dem Motto „Ein Tag im Fernsehsender Margarete". Wie sind wir bloß auf den Titel gekommen? Damals gab es doch weit und breit kein Fernsehen! Wahrscheinlich haben wir uns vorgestellt, dass es so eben im Fernsehen zugeht.

Wir stellten ein vielseitiges Programm auf die Beine. Es gab ja genug Talente in der Klasse auf allen möglichen Gebieten, Die gesamte musikalische Leitung bekam ich. Tonbänder hatten wir noch nicht. Alle Noten wurden live am Flügel oder auf dem Akkordeon gespielt zum Chor, zum Tanz und zum Gesang. So saß ich am Abend der Aufführung die ganze Zeit am Flügel, der im Hintergrund auf der Bühne stand. Mein Geigenständer von daheim war als Mikrofon umgebaut worden und sah ganz echt aus – wie eben damals die großen Mikrofone aussahen.

Unser Programm war ungefähr folgendermaßen:

- Eine Volkstanzgruppe
- Ein Kinderchor (wir hatten Lieder vom Rundfunk einstudiert)
- Ein Wunderkind auf dem Akkordeon (Helle Limpi)
- Ein Paar sang aus ‚Saison in Salzburg' "how do you do ..." und „Wenn der Toni mit der Vroni ..."
- Eine Tänzerin tanzte einen ungarischen Tanz Nr. 5 von Brahms
- Ein tanzendes Wunderpferd im Pferdekostüm mit Dompteur (der Dompteur war Annemarie Ebeling – unsere Miedel daher der Name des Pferdes ‚Eiramenna Gnilebe' und erst jetzt, nach 50 Jahren, hat mir Inge aus Düsseldorf erzählt, dass sie im tanzenden Hinterteil gesteckt hat.)

- Dann gab es eine Tanzkapelle und eine Ansagerin, die immer vor dem Mikrofon stand. Die Ansagerin hat natürlich auch das obligatorische Gedicht an die Lehrer verlesen.
- Ein vierhändiger Vortrag von Hanne und mir am Flügel mit dem Brahmswalzer Nr. 15 und zum Abschluss spielte ich – natürlich auswendig – mein Paradestück, den ‚Hochzeitstag auf Troldhaugen' von Grieg.

Es war ein gelungenes Fest, zu dem wir viel herzlichen Beifall von unseren Lehrern und den Eltern bekamen.

Unser Rektor Klose stand zum Ende des Vortrages im Saal auf und bedankte sich im Namen der Zuhörer. Und dann sagte er noch – was uns besonders stolz machte –: „Ich habe ja gar nicht gewusst, was wir für Künstler unter uns haben!"

Letztes Klassenfoto, 1944

Viel ernster und trauriger verlief die Feier an dem Tag, als wir offiziell in unserer Aula von der Schule verabschiedet wurden. Wir erhielten die Reifezeugnisse ausgehändigt und die übrigen Klassen hatten die Ausgestaltung der Feierstunde übernommen. So war es immer üblich. Es waren sehr ernste Zeiten und entsprechend waren die Worte, die uns mit auf den Weg gegeben wurden. Als wir ein letztes Mal gemeinsam mit unseren Lehrern das Margaretenlied anstimmten, da hat eine nach der anderen von uns den Kopf doch gesenkt und geweint. Selbst alle unsere Lehrer hatten Tränen in den Augen. Ich bin heute überzeugt, dass sie viel weiter gedacht haben in diesem Moment als wir jungen 16-jährigen Mädchen. Die Kriegshandlungen schoben sich immer näher Richtung Heimat – was erwartete diese Generation, die da ins Leben entlassen wurde?

Wir waren jedenfalls die letzte Klasse, die noch normal aus der Schule entlassen wurde. Ein Schuljahr später – 1945 – lag unser liebes Breslau – die Stadt am Oderstrand – in Schutt und Asche. Doch meine Weichen waren schon wieder von höherer Macht gestellt.

Die Jugend

Freud und Leid in schwerer Zeit

Nach der Schulentlassung hieß es, eine Lehrstelle zu suchen.

Für meine Eltern stand fest, dass eine Büroarbeit für mich das Richtige wäre. Wir hatten nämlich auch in der Schule Stenografie gelernt und das war mir außerordentlich leicht gefallen. Ich selber hatte den Drang, mich bei der Sparkasse zu bewerben, weil ich als Kind schon immer so gerne "kassieren" gespielt habe. Und wenn ich mit Mutti in der großen Sparkasse gelegentlich warten musste, bis unsere Nummer aufgerufen wurde, dann habe ich immer ganz verzaubert die riesengroßen Buchungsmaschinen beobachtet und die Postkörbchen, die an der Decke entlang fuhren von Schalter zu Schalter.

So nahm mich mein Vati kurzentschlossen am Arm und wanderte mit mir zur Dresdner Bank, um mich dort vorzustellen. Doch wir bekamen eine bittere Pille zu schlucken. Man nahm dort nur Lehrlinge auf, die in Mathematik mindestens die Note 2 hatten. Oh je – ich war ja froh, dass ich es im Abschlusszeugnis in Mathe auf eine 3 gebracht hatte! Dass sich mindestens vier „Einser" in meinem Abschlusszeugnis tummelten war völlig unwichtig für die Personalstelle der Bank (ich hatte in Deutsch, Englisch, Musik und Geschichte die Note 1, Französisch die 2, Mathe und Erdkunde und Turnen die 3). Die 3 in Turnen habe ich mir mit Musik ergaunert! Die Note stimmte nun wirklich nicht. Ich war eine sportliche Null ... Aber meine Turnlehrerin brauchte ja jemanden, der in der Turnhalle bei der Gymnastik die Begleitmusik machte – und das war ich! Meine schöne Note 3 holte ich mir bei Volkstanz und Gymnastik. Auch an zwei Stangen hochklettern- das konnte ich ganz schnell. Es ist mir heute noch ein Rätsel, wie ich das fertiggebracht habe. Aber beim Aufschwung am Reck musste mir immer eine Hilfe den Allerwertesten mit hochhieven. Und auf dem ledernen Pferd bin ich prompt in Reitstellung oben gelandet – aber nicht darüber hinweg gekommen.

Nachdem wir also bei der Dresdner Bank mit der Bewerbung gescheitert waren, versuchten wir es mit der Bewerbung bei der Städtischen Sparkasse/Bank zu Breslau. Genau da, wo ich schon als Kind so gerne zugeschaut hatte. Warum eigentlich sind wir nicht gleich dorthin gegangen? Es klappte – sie nahmen auch Lehrlinge an, die in Mathe eine Note 3 hatten. Gleich am nächsten Tag musste ich zur Aufnahmeprüfung erscheinen und das war für mich sozusagen der Umweg zum Glück!

An dem aufregenden Prüfungstag, als ich mit anderen Bewerbern an einem langen Tisch in der Personalstelle saß und mit Angst und Bangen auf die Zettel mit den Rechenaufgaben wartete, da schaute ich gegenüber von meinem Platz genau in zwei große blaugraue Augen, die mich interessiert musterten. Sie gehörten einem hübschen blonden Jungen, der mir auch sofort sehr gefiel.

Es war mein Achim – und wir konnten damals beide noch nicht ahnen, dass dort die Fäden gesponnen wurden, die unseren weiteren Lebensweg miteinander verknüpfen würden!

Nachdem uns das Ergebnis unserer Prüfungsarbeiten (ein Deutschdiktat gab es auch noch) bekanntgegeben wurde und wir alle bestanden hatten, wurden wir vom Personalchef in unsere zukünftigen Zweigstellen eingewiesen. Achim, mein freundliches Gegenüber, kam in die Nebenstelle 2 und ich in die 17. Das Schöne an unserer Lehrzeit war, dass jeweils der Lehrling von einer Zweigstille am Abend mit der angefallenen Post zur Hauptstelle fahren musste. Das bedeutete für uns, dass sich eine fröhliche Lehrlingskolonne jeden Abend dort traf. Das war in dem Hochhaus am Ring wo es auch noch einen Paternoster gab. Übrigens hat das Sparkassenhochhaus in Breslau am Ring den Krieg überstanden, wie ich später erfahren habe.

Zu Pfingsten 1944 trafen wir „Margareten" uns zum ersten Mal nach der Schulentlassung im Südpark mit unserer Klassenlehrerin. Nun konnten wir uns erzählen, welche Wege zur Lehre wir inzwischen eingeschlagen hatten.

Aber auch mit meinen Sparkassenlehrlingen war ein großer Ausflug ins Gebirge geplant. Wir wollten eine lange Wanderung unternehmen mit einer Übernachtung bei einem Bauern und dem Endziel „Sparkassenerholungsheim", wo wir uns auch angemeldet hatten. Dort sollte die zweite Übernachtung stattfinden und dann sollte es wieder heimgehen per Bahn. Bis ich aber von meinem Vati die Genehmigung bekam, bei dieser Tour mitzumachen, da habe ich zuhause das größte Theater aufführen müssen. So streng waren die Sitten, oder sagen wir mal, so besorgt waren meine Eltern um mich. Ich blieb für sie halt immer das Kind, dem ja etwas zustoßen könnte! Zumal nun schon die Buben im Spiel waren ... Auf dem Stopfpilz meiner Mutti stand ja auch sinnigerweise: ‚Wenn dich die bösen Buben locken – dann bleib daheim und stopfe Socken'!

Aber – ich erreichte meinen Freibrief zum Mitfahren mit viel Tränen und Gebettel und ich konnte mit dem Rucksack auf dem Rücken mit meinen Freunden losziehen. Wir waren 6 Leute – vier Mädels und 2 Jungen. Nach der Ankunft mit der Eisenbahn am Zielort zogen wir zu einem langen Wanderweg los. Es streckte sich sehr weit bis zu dem Bauernhof, wo wir unser erstes Nachtlager haben sollten. Unterwegs wurde es längst dunkel und wir sahen auf einmal auf einer Lichtung Rehe, die im Mondschein ästen. Ich weiß das noch so genau, als wäre es gestern gewesen.

Als wir dann endlich müde am Ziel anlangten, da hieß es vom Bauern: „So, meine Herrschaften, es ist üblich, dass die kleinere Gruppe im Hause untergebracht wird. Die größere Gruppe muss auf dem Heuboden in der Scheune schlafen!"

Unsere Jungens waren gut raus! Aber wir vier Mädchen mussten über eine steile Leiter hinauf auf den Heuboden klettern. Dazu bekamen wir vorsorglich noch einen Eimer hinaufgereicht für den Fall, dass mal eine von uns „musste". Es war weiß Gott die kälteste Nacht, die ich je so verbracht habe. Immerhin war es erst Anfang Juni und da sind die Nächte im Gebirge noch lausig kalt. Wir hatten vorher ausgemacht: wer den Eimer am meisten benützen würde, der musste ihn am Morgen leeren und putzen. Na ja, das war natürlich ich. Aber das Drama, einen wohlgefüllten Eimer die steile Leiter herunterzubugsieren! Runter bin ich glücklich gekommen, aber am Misthaufen bin ich doch noch ausgerutscht und habe beim Stolpern voll in die Ausbeute hineingelangt. Sehr zum Vergnügen der anderen – besonders der Jungen, die sich gerade im Hof an der Plumpe wuschen. Schadenfreude ist eben immer die reinste Freude. Die Jungen – das waren Achim und Joachim Heintze. Letzterer ist in Breslau als Flakhelfer gefallen. Wir erfuhren das später einmal. Wahnsinn. Gerade er war so ein lustiger Kerl. Auf einigen Bildern, die ich noch von dieser Wanderung besitze, ist dieser Joachim übrigens mit drauf.

Nun gut, unsere Wanderung ging weiter – fröhlich in den neuen Tag hinein. Unterwegs haben wir uns ein paarmal fotografiert, wir haben unsere Wanderlieder geschmettert und erreichten am Abend unser Sparkassenerholungsheim. Wir wurden mit großem Hallo empfangen, denn man feierte dort gerade einen bunten Abend.

Am nächsten Tag liefen wir dann nur noch bis zum nahegelegenen Bahnhof, von wo uns der Zug wieder nach Breslau bringen sollte.

Der Zug war knüppeldick besetzt – aber das war ja für uns nicht weiter schlimm. Im Gegenteil: Auf dieser Heimfahrt – in der drangvollen Enge – da sprang plötzlich zwischen Achim und mir der berühmte Funke über, der uns für ein ganzes Leben zusammenbrachte.

Mein lieber Achim, der treue Freund

Wir waren ja beide wirklich noch so jung mit unseren 16 Jahren – aber wir waren viel, viel gesetzter, als ich es später jemals von Generationen im gleichen Alter erleben konnte. Achim und ich, wir sind zwei Fische-Geborene, romantisch und sensibel. Wir verstanden uns restlos, wir hatten uns gesucht und gefunden – wie man so schön sagt. Wir hatten uns sehr lieb und schworen uns mehr als einmal ewige Treue. Der Krieg ging ja seinem Ende bald entgegen und auch Achim konnte plötzlich eingezogen werden (was ein paar Monate später auch geschah). Er fragte mich so oft, ob ich ihm auch treu sein würde. Ich war's über so viele Jahre der Trennung hinweg. Dabei hatte ich nur die Erinnerung an manchen innigen Kuss und an sein immer strahlendes Gesicht, wenn er mich sah!

Doch nun will ich erst einmal den Faden wieder aufnehmen wie es denn weiterging mit unserer Heimfahrt nach dem schönen Wanderurlaub. Unterwegs hörten wir im Zug, dass Breslau schon Voralarm hatte. Auch bei der Ankunft am Bahnhof kam die Durchsage. Also mussten wir uns schnell voneinander verabschieden und sind in alle Himmelsrichtungen nachhause gelaufen. Unsere Heimwege waren weit durch die Stadt und die Straßenbahnen fuhren abends nicht mehr. Ich nehme an, dass das mit der Verdunklung zusammenhing. Stockdunkel war es, wenn nicht gerade vom Himmel der Mond leuchtete. Da brannte nicht eine Laterne und die Fenster mussten mit schwarzem Verdunklungsrollos abgedichtet sein. Wir Bürger hatten an der Kleidung eine Phosphorplakette, so dass es aussah, als würden Glühwürmchen durch die Straßen geistern.

An den Straßenübergängen waren die Bordkanten auch mit Phosphor angestrichen, damit man wenigstens nicht über die Rinnsteine stolperte.

In unserem Alltag als Lehrlinge sahen wir uns – wie schon erzählt, allabendlich in der Hauptstelle wieder. Und von nun an begleitete mich mein Achim jeden Tag nachhause und trug dabei grundsätzlich meine Tasche. Das war schon mal eine seiner höflichen Gesten, die er ein ganzes gemeinsames Leben lang beibehalten hat. Genauso, wie er mir immer – solange ich denken kann – die Hand gereicht hat, wenn ich aus einer Bahn ausgestiegen bin. Die wenigen Monate, die wir zusammen verlebten zwischen Frühjahr und Sommer flogen schnell dahin. Ein paarmal waren wir auch abends im Kino oder im Zirkus Busch. Achim liebte den Zirkus über alles und wir schnupperten beide begeistert die Raubtierluft. Als der Sommer ins Land kam, stand uns schon die erste Trennung bevor.

Unser Einsatz an der „Heimatfront"

Achim wurde zum „Unternehmen Barthold" eingezogen. Nun musste also schon die jüngste Generation ran, denn die anderen Männer waren längst an der Front oder waren schon gefallen oder in Gefangenschaft irgendwo. Das Unternehmen B. hatte die Aufgabe, im Hinterland der Heimat Verteidigungsanlagen zu bauen, Panzergräben ausheben usw.

Nach ein paar Wochen bekam Achim einen Tag Sonderurlaub. Er rief mich sofort bei unserem netten Hauswirt, der Telefon hatte, an. Überglücklich vereinbarten wir einen Treffpunkt im Scheitniger Park. Dort konnten wir ein paar Stunden spazieren gehen oder auf einer Bank rasten. Das war schon wieder alles, denn Achim musste auch nachhause gehen zu seinen Angehörigen. Seine beiden Zwillingstanten und die Oma, bei denen er lebte, wollten auch noch etwas von der kurzen Urlaubszeit haben. Achims Vater war auch längst als Soldat an irgendeiner Front. Seine Mama wohnte mit Schwester Uschi im gleichen Haus wie die Oma. Aber mein Achim war als Kind zur Großmutter ausgerückt und nie mehr zu bewegen gewesen, zu seinen Eltern in die Wohnung zurückzugehen. Er wurde also buchstäblich von den drei Frauen großgezogen, an denen er sehr gehangen hat.

Ich weiß heute nicht mehr genau, wie lange der Einsatz von Achim beim Unternehmen Barthold dauerte. Vielleicht ein paar Monate bis in den Herbst. Auch Achims bester Freund Helmut Frenzel, aus der unmittelbaren Nachbarschaft seit Kindestagen, war beim „Barthold".

Es wurde langsam winterlich und die Front der Russen rückte immer näher. In diesem Winter 1944, der besonders kalt und frostig wurde, mussten auch die letzten Reserven zum Panzergräben ausheben ran. Das waren wir Frauen und Mädchen. Man stelle sich das vor: bei 20 Grad Minus fuhren wir in die Trebnitzer Berge. Von der Bahn ging es auf offene Lastwagen an unseren Einsatzort. Ich vergesse das in meinem ganzen Leben nicht und es erklärt meine tiefe Abneigung gegen den „ach so schönen Winter"! Wir bekamen Hacken und Schaufeln in die Hand gedrückt und mussten diese hart gefrorene Erde bewegen. Vielleicht hat auch irgendeine Maschine das Erdreich vorher etwas gelockert; das weiß ich nicht mehr so genau. Ein Panzergraben musste wohl 6 m breit sein und sehr tief. Ich bin einmal von oben bis unten hineingekugelt und sah dann aus wie in Lehm gewickelt. Am schlimmsten aber war es, wenn mal der Drang zum Austreten kam – was in dieser Kälte kein Wunder war. Dann musste man sich von den Bewachern, die oben am Grabenrand hin und her liefen (SA-Leute in Uniform) abmelden und in den nahegelegenen Wald rennen um seine Notdurft zu verrichten. Und mein furchtbarstes Erlebnis bei so einem Einsatz war, dass mir in der Kälte das halbe Gesicht – die Kinnpartie – eingefroren war.

Man wollte mir einen Schluck aus einer Thermoskanne einflößen, aber ich bekam den Mund gar nicht mehr auf. Daraufhin durfte ich mir eine Begleitperson aussuchen und vom Dienst abtreten. Wir wurden in die Dorfkneipe gefahren, wo ich buchstäblich erst auftauen musste, ehe ich in der Lage war, etwas zu trinken. Wir mussten dort warten, bis die anderen vom Einsatz kamen und dann ging es auf demselben Wege wieder heimwärts. Wie hat man das bloß alles geschafft? Aber offensichtlich hält der Mensch sehr viel aus, was man an hunderttausenden Beispielen in diesen elenden Kriegszeiten noch erfahren konnte.

Nun hatten wir in Breslau auch öfter Fliegeralarm und bekamen vereinzelt auch ein paar Bomben auf die Stadt. Von der Sparkasse waren alle – auch die Lehrlinge – zu Nachtwachen eingeteilt.

Jede Zweigstelle musste nachts mit ein paar Leuten belegt sein, falls ein Schadensfall bei einem Angriff eingetreten wäre, um Feuer zu melden. Theoretisch war das ja sicher gut gedacht – aber ich frage mich, was wir wirklich hätten im Ernstfall tun können. Für Achim und mich war es natürlich prima, wenn wir zufällig zusammen Nachtwache schieben mussten. Man hatte Proviant dabei, erzählte sich die halbe Nacht mit den Kollegen, bis man endlich doch noch auf einer Pritsche eine Mütze voll Schlaf nahm. Mein Achim war immer guter Dinge und ein fröhlicher Mensch, den alle gern hatten. Zur allgemeinen Unterhaltung bei so einer Nachtwache trug er mit seinen Jonglierkünsten bei, was er besonders gut konnte. Er hatte die Bällchen mit Phosphor beklebt, so dass man im Dunkeln nur die Lichtlein fliegen sah. Und seine Mundharmonika hatte Achim auch stets in der Tasche.

Unser letztes Weihnachtsfest in Breslau

Weihnachten kam heran – das letzte Mal im Kreise aller Angehörigen Ich glaube, man wollte es gar nicht wahrhaben, wie schlimm es um uns schon stand und dass etwas ganz Schreckliches auf uns zukam. Ich bekam sogar noch vernickelte Schlittschuhe geschenkt und Mutti wollte mir gleich nach Weihnachten ein Eiskleid aus grünem Samt nähen. Ich konnte ja ziemlich gut Schlittschuh laufen.

Auf dem Breslauer Stadtgraben gab es die schönste Eisbahn mit Musikberieselung. Abends war sie beleuchtet und diejenigen, die schon ganz gut laufen konnten, glitten oft in langen Schlangen zur Walzermusik übers Eis. Es war einfach ein beliebter Treffpunkt für die Jugend und die Älteren.

Aber ich glaube man machte sich selbst nur Mut, indem man das Weihnachtsfest noch wie einst zu feiern versuchte. Mit Christbaum und dem ganzen Drum und Dran. Als wir an einem Abend wieder mit Tante Friedel und ihrer Familie zusammensaßen, zeigten wir uns gegenseitig viele Fotografien aus vergangenen friedlichen Zeiten. Aus diesem Grund befanden sich wohl die Bilder noch in unseren Handtaschen, als wir 4 Wochen später auf die Flucht gingen. So gingen sie als letzter Beweis, wie schön wir es einmal in unserer Heimat hatten, mit auf die Fahrt ins Ungewisse.

Gleich nach Weihnachten wurde es für uns im Osten sehr ernst und brenzlig. Die Flüchtlingswelle rollte auf uns zu, der wir uns über kurz oder lang anschließen mussten. Meine Angehörigen aus Sarbia machten sich mit dem Pferdegespann auf den großen Treck. Furchtbar. Auch meine liebe alte Oma musste in der Kälte diese Flucht im Pferdewagen über sich ergehen lassen. Wo sie doch im Winter immer so kränkelte! Der Winter war so erbarmungslos kalt und der Weg mit dem Gespann in den Westen so weit.

Aber der Russe rückte unerbittlich nach – er hatte sein „Väterchen Frost" als stärksten Verbündeten mit sich. Und die Gerüchte, die diesen Kampftruppen vorauseilten, waren schlimm – gelinde ausgedrückt.

Achim und ich gingen noch immer jeden Tag in die Sparkasse. Die Leute stellten sich an, um ihr letztes

Geld abzuheben. Eines Tages kam die Anordnung von der Hauptstelle, dass alle Konten aus den Zweigstellen in die Hauptstelle zu verlagern sind.

Jetzt wurde aber auch unser Personal immer weniger. Viele hatten sich schon auf die Flucht begeben – freiwillig. Das bedeutete für uns restliche Leute Überstunden zu machen. Am Abend zuhause gab es immer das eine Thema: bleiben oder gehen? Aber wohin?

Wir machten denselben Unsinn wie so viele Nachbarn und versteckten unser gutes Besteck und was einem sonst noch kostbar erschien, im Keller unter den Kohlen. Man wollte bleiben – das war erst einmal unser Entschluss!

Inzwischen bekam mein Achim die Einberufung zum 16. Januar 1945. Schon wieder Trennung – es war zum Verzweifeln! Am 15. Januar sind wir beide mit seiner Mutter und seiner Oma noch einmal abends in den Zirkus Busch gegangen. Der Zirkus spielte in seinem festen Bau immer noch, als wäre nicht ringsherum Aufbruchstimmung. Achims Angehörige lernte ich an diesem Abend das erste Mal kennen. Mit der Oma hatte ich später in unserem gemeinsamen Leben noch viel Kontakt aber das Treffen mit Achims Mutter war einmalig in meinem Leben. Denn noch ihr bevor ihr Junge Ende 1948 endlich aus Kriegsgefangenschaft nachhause kam, war sie am 14. Juni 1948 gestorben. Doch ich will der Erzählung nicht vorauseilen.

Noch ist der 15. Januar. Wir saßen also ein letztes Mal zusammen im Zirkus Busch und das, glaube ich, mit sehr gemischten Gefühlen. Der Abschied stand schon wieder wie ein Gespenst hinter uns oder besser gesagt – vor uns. Nach der Vorstellung sind Achims Oma und Mutter nachhause gegangen und Achim hat mich zu meiner Haustür begleitet. Es war ein schwerer Abschied. „Ich schreibe dir gleich", das versprach mir wohl mein Freund, aber die Wirklichkeit sah ganz anders aus. Noch ehe bei mir Post ankam musste ich mit meinen Eltern schon die Stadt verlassen.

Bloß gut, dass man manches nicht im Voraus wusste – dann wäre man wohl noch mehr verzweifelt.

Die Vertreibung und die Flucht ins Ungewisse

Nach Achims Abschied ging ich noch bis zum 25. Januar in die Hauptstelle der Sparkasse im Hochhaus am Ring arbeiten. Alle Konten aus den Zweigstellen waren inzwischen im Untergeschoss des Hauses deponiert. Es gab wahnsinnig viel zu tun, denn die Menschen standen bis auf dem Ring (Rathausplatz) hinaus in Schlangen nach ihrem Geld an. In der Ferne aber hörte man schon dumpfes Grollen und Knallen. Da wurde uns weisgemacht, das wäre nur das Eis auf der Oder welches gesprengt wird …

Am 25. Januar war ein ganz besonders anstrengender Tag. Ich, ein Lehrling im ersten Lehrjahr, habe die große Kasse 1 gebucht. Unter normalen Umständen wäre ich bestimmt darauf ganz eingebildet gewesen. Aber so? Wir arbeiteten an diesem Tag bis zur Erschöpfung. Nach dem Schalterschluss mussten wir Angestellten uns in langer Schlange aufstellen und vom Fahrstuhl bis zu einem Lastwagen vor dem Portal die Kontenbündel weiterreichen. Und die waren sehr schwer. Es gehörten immer 100 kartonierte Kontoblätter zu einem „Hundert". Die Breslauer Sparkasse verlagerte an diesem Abend ihre Unterlagen nach Görlitz. Dazu durften sich noch 12 freiwillig melden von uns Frauen, die mit evakuiert werden konnten.

Ich weiß noch genau, wie geschafft ich an diesem Abend nachhause gelaufen bin – allein im Dunkeln – und immer von der nahen Front das Donnern in den Ohren. Bei meinen Eltern angelangt muss ich wohl tüchtig gesponnen haben – aufgedreht bis dorthinaus denn ich weiß noch, dass mein Vati mir gleich 2 Tabletten gab und man mich ins Bett packte. Ich sollte erst einmal abschalten und zur Ruhe kommen. Wie gut, dass ich nicht ahnte, dass es das letzte Mal war, dass ich in meinem schönen Zimmer schlafen konnte! An diesem Abend waren meine Eltern immer noch entschlossen, in Breslau zu bleiben – wie auch noch ein paar Nachbarn im Hause.

Der nächste Tag – es war der 26. Januar 1945 – nahm uns allen die Entscheidung ab.

Der Drahtfunk und der Sender Breslau gaben an die Bevölkerung die Meldung durch, dass Breslau zur Festung erklärt worden ist.

Die Zivilbevölkerung sollte unverzüglich die Stadt verlassen – alle bis auf Ärzte, Apotheker, Volkssturm und männliche Bürger ab 15. Lebensjahr.

Der Drahtfunk, das waren Lautsprechersäulen – betrieben wahrscheinlich von der Stadtverwaltung – die ganz laut und penetrant tickten bevor die Durchsagen kamen, z. B. „Achtung, Achtung, feindliche Bomberverbände im Anflug auf Breslau" usw.

Aber der reinste Hohn für uns war es, dass sie an dem Tag zwischendurch Musik einspielten. Und was spielten sie? Einfach eine unglaubliche Frechheit: ‚Das Wandern ist des Müllers Lust ...' Auch an einen Wiener Walzer kann ich mich erinnern.

Wie nun die Menschen die Stadt verlassen konnten, das blieb ihnen überlassen. Mit einem Zug – so man einen erwischte – oder zu Fuß. Ein Teil ist mit Sicherheit zu Fuß auf die Landstraße gelaufen. An diesem Tag waren etwa 26 Grad Minus. Meine Mutti hat das in ihrem Taschenkalender festgehalten. Einige Bewohner von Breslau sind trotz Befehls doch in der Stadt geblieben. Zum Beispiel Achims Zwillingstanten und seine Oma. Sie wohnten im Odertor. Dass sie Breslau nicht verlassen hatten, das habe ich erst viel später durch Zufall erfahren. Sie haben Schweres in der Festungszeit durchgemacht. Erst kam die Beschießung und dann die Besatzung voll Russen und später von den Polen.

Unser schwerer Abschied von zuhause

Ich kann jetzt nur mal von unserem Schicksal erzählen, wie es meinen Eltern und mir ergangen ist. Irgendjemand bestärkte plötzlich meinen Vati zu einem Entschluss: er wollte nun doch die Stadt verlassen – vor allen Dingen seiner 17-jährigen Tochter wegen!

Am Ostbahnhof, der nicht allzu weit von uns weg war, sollte ein Lazarettzug stehen, der in der Dunkelheit mit den Verwundeten losfahren sollte. Das hat jemand dem Vati erzählt und daraufhin ließ sich Vati vermutlich von unserem Hauswirt mit dem Auto in aller Eile dorthin fahren. Er erbat von den Soldaten die Genehmigung ihn, als alten Kriegsinvaliden, in diesem Zug mitzunehmen.

Das wurde gottseidank erlaubt, auch für Mutti als Begleitperson.

Dass die Soldaten auch noch mich – die Tochter - mitgenommen haben, das hat Vati nur mit viel Betteln und mit der Zusicherung erreicht, dass ich ja bei der Betreuung der Verwundeten helfen könnte. Aber das war noch nicht alles. Mein armer Vati nahm allen Mut zusammen und fragte, ob er auch noch seine Schwiegermutter mitnehmen durfte. Wir konnten doch nicht unsere schwerhörige Oma allein in der Stadt zurücklassen! Vati konnte den Zugbegleitern Omas Papiere von ihrer schweren Krebsoperation vorlegen, die einige Jahre zuvor in der Universitätsklinik gemacht worden war. Tatsächlich erlaubte man, dass wir auch noch unsere Oma mitnehmen durften.

Aber wahrscheinlich haben so viele Zivilisten bei den Soldaten um Mitnahme gebettelt, dass sie zum Schluss doch noch mehr mitnahmen, als eigentlich vorgesehen waren. Das sahen wir nämlich nachher.

Ich kann mir lebhaft vorstellen, wie verzweifelt meine Eltern damals gewesen sein müssen. Das Zuhause verlassen! Wir durften jeder nur Handgepäck mitnehmen, einen Rucksack oder dergleichen, was man auch wirklich selber tragen konnte.

Was packt man aber zuerst ein? Kleidung? Essen? Erinnerungsstücke? Fotoapparat und andere Wertsachen? Ein Kissen? Vatis Ersatzprothese? Das muss für meinen Vater furchtbar gewesen sein, mit dem Gedanken loszuziehen: wehe, wenn eine Prothese bricht – etwa durch einen Sturz, was wir ja schon erlebt hatten ... In der Fremde, in dem totalen Chaos, wo fand man da gleich die Hilfe eines Bandagisten (so hießen damals die Fachleute in den orthopädischen Geschäften, welche die Prothesen nach Maß anfertigen)?

In großer Panik und Eile haben wir unsere Bündel geschnürt. Für uns drei Leute haben wir wenigstens ein Deckbett und ein Kopfkissen eng zusammengerollt in einer Decke mitgenommen. Jeder noch etwas im Rucksack, die Handtasche und das war's auch schon! Vati lief an einem Stock, der konnte nicht noch etwas tragen. Außerdem war Winter und es lag Schnee, wo er eh schon vorsichtig laufen musste.

Während Vati zum Verhandeln zum Lazarettzug gefahren war, mussten Mutti und ich einen ganz schweren Gang erledigen. Wir beide mussten unser niedliches Peterle – unseren Wellensittich – wegbringen. Unser Onkel Hermann, der Zahnarzt, hatte einen Apotheker als Freund, der ihn auch in Kriegszeiten mit dem notwendigen Alkohol versorgte. Wir kannten diesen Herrn Apotheker dadurch auch gut, zumal die Apotheke ganz in der Nähe von unserer Webskystraße war. Der Apotheker, der ja die Stadt nicht verlassen durfte, hatte uns angeboten, das Peterle zu sich zu nehmen. Im Notfall wollte er das Tier schmerzlos vergiften.

So liefen Mutti und ich in Tränen aufgelöst die Straße entlang zur Apotheke. In der Mitte trugen wir den herrlichen Käfig mit dem Peterle. Den Käfig hatte mal ein Kollege meines Vaters gebaut – mit herausnehmbarer Spielwiese. Zum Glück war der Weg in der eisigen Kälte nicht so weit bis zur Apotheke. Nach Jahren erfuhren wir in Leipzig, dass der Apotheker mitsamt unserem kleinen Peterle überlebt hat und sie das Kriegsende irgendwo außerhalb Breslaus auf dem Lande überstanden haben.

Als wir diesen schweren Gang hinter uns hatten, bekam ich einen noch schwereren Auftrag. Während Mutti daheim unser Marschgepäck fertigmachte, musste ich zur Oma laufen um sie zu holen. Oma ahnte noch gar nicht, was auf sie zukam. Dass ich es überhaupt geschafft habe, die Oma zum Mitgehen zu bewegen, grenzte an ein Wunder. Vielleicht hat sie endlich meinem Flehen geglaubt und sie wusste doch, dass wir nur in Sorge um sie handelten. Das Schlimme für mich war, wenn Oma aufgeregt war, dann konnte sie trotz Hörgerät gleich gar nichts mehr verstehen. Es war also unheimlich schwierig, ihr klarzumachen, dass sie auf der Stelle mit mir mitkommen musste und nur ein paar Habseligkeiten einpacken durfte. Mit viel Tränen haben wir auch noch ein Deckbett in eine Decke gerollt, so wie ich es von meinen Eltern gesehen hatte. Das Wichtigste aber waren ihre sämtlichen Versorgungspapiere für Rente und das Sparbuch – so etwas durfte man auf keinen Fall vergessen mitzunehmen.

Endlich war die Packerei geschafft und mit dem Handgepäck und der verzweifelten Oma am Arm lief ich so schnell es ging nachhause.

Auf den Straßen sah es trostlos aus. Überall Aufbruchstimmung!

Wir hatten unser Haustier schon in Obhut gegeben. Aber wieviel herrenlose Hunde nun herumliefen – unglaublich. Dazu diese Kälte! Aber wie sollten die Menschen auch noch ein Tier mit auf die Landstraße nehmen – oder in die überfüllten Eisenbahnen? Den Katzen erging es nicht viel anders. Und aus den ländlichen Vororten hörte man erzählen, dass die zurückgelassenen Kühe brüllend umhergeirrt sind. Sie hatten nicht bloß Hunger, sondern bestimmt auch große Schmerzen in ihren nichtgemolkenen Eutern.

Irgendwann reihten wir uns nun auch in diese Kulisse von Trostlosigkeit ein. Vati, Mutti, Oma und ich – die schönen Wohnungen hinter uns und vor uns eine total ungewisse Zukunft.

Mein Vati tat noch etwas in ohnmächtiger Wut und Verzweiflung: er warf sein Ehrenkreuz 1, was er im ersten Weltkrieg für seine Tapferkeit und seine Verwundung erhalten hatte, in den Gulli vor unserem Hause. Noch etwas flatterte auf unserer Straße herum: zerfetzte Bücher von Hitlers „Mein Kampf" – nur war jetzt der Titel übermalt mit „Mein Krampf". Wer weiß, wer diese Tat in ohnmächtiger Wut vollbracht hatte. Nur durfte zu der Zeit sich keiner bei dergleichen Ausbrüchen sehen lassen. Er wäre bestimmt sofort an die Wand gestellt worden.

Leider kann ich mich nicht mehr erinnern, wer uns zum Ostbahnhof gebracht hat. Dort stand der besagte Lazarettzug, vollbeladen mit verwundeten Soldaten. Oben auf dem Dach waren groß die Zeichen vom Roten Kreuz gemalt. Damit sollten wir von feindlichen Fliegerangriffen verschont bleiben. Schöner Gedanke.

Man hat nun aber doch mehr Zivilisten mitgenommen, die alle irgendwelche Besonderheiten bzw. Gebrechen hatten.

Ein paar Abteile waren für uns Flüchtlinge bereitgestellt worden. Wir erhielten drei Sitzplätze zugewiesen. Ich bekam einen Stehplatz auf dem Gang. Außer uns war noch eine Oma mit ihrem Enkel im Abteil, der angeblich noch nicht 15 Jahre alt war. Und noch eine sechste Person, an die ich mich nicht mehr erinnern kann. Erst als der Zug abgefahren war kam der Junge leise mit der Wahrheit heraus, dass er schon 16 Jahre alt war. Wir alle haben uns in dieser qualvollen Enge und in dieser furchtbaren Situation alle gut miteinander vertragen. Wir haben Essen und Trinken miteinander geteilt – ganz selbstverständlich.

Wir fuhren beinahe im Schritt-Tempo durch Breslau und kamen auch noch durch den Hauptbahnhof (Breslau hatte einen durchgehenden Bahnhof, genauso wie Ulm). Ich stand also zunächst im Gang am Fenster und musste fürchterlich weinen. Wir fuhren an Vatis Büro vorbei und ganz dicht am Zirkus Busch, weil der Bahndamm so verlief. Ich musste ja immerzu nur an meinen

Achim denken, von dem ich doch noch gar keine Anschrift hatte. Ob wir uns jemals wiedersehen würden, das war in diesen Stunden überhaupt nicht abzusehen. Aber ich war nicht die Einzige, die bei dieser Ausfahrt aus Breslau geweint hat – es flossen bei allen Mitreisenden die Tränen. Der Zug rollte ziemlich langsam in die Nacht. Wir kamen ja nun auch Richtung Westen in Gebiete, die viel öfter von Fliegerangriffen heimgesucht wurden. Von den Sanitätern im Zug wurden wir zum Teil auch mit Essen versorgt. Richtig erinnern kann ich mich nur an Brot und Griesbrei. Zum Trinken hatten wir zuhause noch unsere Feldflasche gefüllt.

Das Trinken wurde am ehesten knapp. In der Not rücken die Menschen plötzlich näher zusammen – das haben wir damals oft erlebt. Unsere Feldflasche machte bei den fremden Menschen die Runde und wenn wir an einem Haltepunkt Gelegenheit hatten, die Flasche an einer Pumpe mit Wasser aufzufüllen, dann waren wir schon froh über das kostbare Nass. Mittlerwelle, nach vielen Stunden Fahrt, musste man auch mal an Schlaf denken. Für meinen Vati war das ein ganz besonderes Problem. Er musste irgendwann einmal seine schweren Prothesen ausziehen können. Zuhause haben sie am Abend immer an seinem Bett gestanden, mitsamt der Anzughose und den Schuhen.

Also fix und fertig zum Hineinsteigen. Nur die dicken wollenen Stumpfstrümpfe zog Vati abends aus und früh wieder an. Ich kannte es nicht anders, als dass am Abend Vatis künstliche Beine am Bett standen und es hat mir als kleines Kind früher riesigen Respekt eingeflößt.

Nun, zwischen lauter Frauen und uns zwei Jugendlichen blieb Vati auch nichts übrig, als einmal aus seinen

Prothesen herauszufahren. Er legte in der Zeit halt eine Decke über den Schoß, weil er praktisch in der Unterhose sitzen musste. Ach, wie mag ihm das alles peinlich gewesen sein!

Wir arrangierten uns aber alle miteinander, wie wir am bequemsten eine Ruhestellung einnehmen konnten. Jeder legte seine Füße hoch neben sein Gegenüber. So waren alle Beine vom Boden weg – bis auf die Prothesen. Und dort in diese freigewordene Lücke auf dem Boden im Abteil habe ich mich unter 5 Paar Beinen todmüde ausgestreckt. Der Tag war so voller Ereignisse gewesen und man war wirklich erschöpft – körperlich und seelisch!

Ein besonderes Problem war auch, in diesem überfüllten Zug auf das WC zu gelangen. Ich höre heute noch im Geiste meine Oma Hildebrandt, wie sie im proppenvollen Gang die Leute anschimpfte „was heißt denn das, man wird doch wohl mal aufs Klo gehen können!" Über diesen Ausruf haben wir später doch noch manches Mal geschmunzelt – so tragisch das auch auf der Flucht war.

In unserer Familie blieb es das geflügelte Wort: „was heißt denn das, man wird doch wohl mal dürfen?"

Im Zug gingen natürlich die ganze Zeit über die Gerüchte und auch Vermutungen hin und her, wohin wir denn nun eigentlich gebracht werden. Es stand nur fest, dass die verwundeten Soldaten in den Harz transportiert werden sollten. Uns Flüchtlinge versuchte man dort auszuladen, wo man überhaupt noch Menschen aufnehmen konnte. In der Mitte des Reiches drängte sich nämlich zu dieser Zeit alles aufeinander. Der Westen – das Rheinland usw. hatte ja schon längst unter schweren Bombenangriffen zu leiden gehabt. Wir hatten in Schlesien viele Bombenflüchtlinge aus dem Rheinland. Tante Friedel hatte z.B. ein kleines Mädchen aus Duisburg als Gast und auch meine Mutti hatte eine Frau aus Köln aufgenommen, die einige Monate bei uns in meinem Zimmer wohnte.

Und nun fuhren wir in Richtung Westen! Von Leipzig erzählte man sich seinerzeit schon in Breslau, dass man um die Stadt nur noch eine Mauer ziehen müsste, dann wäre der Friedhof fertig. Leipzig war schon schwer von Bombenangriffen heimgesucht worden.

So fuhren wir inzwischen durch Görlitz und Dresden und nach Leipzig. Zu unserer Erleichterung erfuhren wir von den Soldaten, dass man uns nirgends aufnehmen wollte, weil alles schon überfüllt mit Flüchtlingen war. So ging die Odyssee weiter mit uns. Hin und her – rauf und runter im Land! Nach zwei langen Tagen und Nächten kamen wir in Osterode im Harz an. Dort wurden die Verwundeten ausgeladen – aber uns wollte man dort auch nicht! Ich nehme an, dass die Zugführer herumtelefoniert haben, wohin sie uns denn nun bringen könnten. Zum Glück wurde auf dieser Fahrt auf engstem Raum niemand von uns krank. In Osterode konnten wir wenigstens wieder frisches Wasser in unsere Feldflasche füllen. Nun fuhr der Zug zurück in Richtung Sachsen – etwa nach Leipzig?

Ja, genau dorthin! Am 29. Januar 1945 trafen wir in Leipzig ein, in der Stadt, vor der wir doch solche Angst hatten. Und zu dieser Zeit konnten wir noch nicht ahnen, dass Leipzig für die nächsten 10 Jahre unsere Heimat sein würde.

Die Nachkriegsjahre in

Leipzig und Sachsen

1945–1955

Nach endlosen 3 Tagen und Nächten durften wir nun in Leipzig unseren Flüchtlingszug verlassen. Mit lahmen Knochen, traurig und zermürbt von allen Ereignissen. Aber zu unserer großen Überraschung wurden wir sehr freundlich von uniformierten Helfern in Empfang genommen und zum Bahnhof hinaus an eine Straßenbahnhaltestelle geleitet.

Dort stand eine „Sonderfahrt" bereit, in die wir einsteigen sollten. Unser Häuflein war gar nicht so klein, wie wir nun feststellen konnten. Es wurde eine ganze Straßenbahn voll.

Wir trafen sogar alte Nachbarn aus der Webskystraße wieder. Wahrscheinlich hat der Lazarettzug gegen Abend so viel er nur konnte an Flüchtlingen mitgenommen – nicht nur die mit besonderer Genehmigung. Deshalb waren auch die D-Zug-Gänge so eng besetzt.

Bahnhof Markkleeberg, 1988

Nun fuhr die Straßenbahn mit uns ab und wir konnten auf der Fahrt durch Leipzig die Trümmerlandschaft „bewundern". So viel Zerstörung hatten wir in Breslau noch nicht gesehen. Wir hatten zwar auch einige Angriffe hinter uns – aber so zerbombt wie hier? Unsere Straßenbahn fuhr lange mit uns, und mittlerweile gelangten wir in eine Vorstadt. Wir fuhren ein Stück durch einen Wald (das war der Connewitzer Wald, wie wir später wussten).

Nun sah es schon nicht mehr so trostlos aus um uns herum. Dann kam der Haltepunkt Markkleeberg-Mitte. Dort waren wahrhaftig die Häuschen noch ganz und wir wurden wieder freundlich von Helfern in Empfang genommen und zu einer Schule geleitet.

In der Turnhalle war Stroh ausgelegt, damit die Flüchtlinge erst einmal ein Dach über dem Kopf hatten und eine Lagerstätte.

In den kommenden Tagen sollte dann die Verteilung auf Privatunterkünfte erfolgen.

In all dieser Kriegsnot spürten wir auch eine große Hilfsbereitschaft der Menschen untereinander. Man half sich gegenseitig.

Die einen waren den Bomben ausgesetzt und hatten zum Teil schon ihre Habe verloren und uns hatte man sogar aus der Heimat vertrieben. Und die noch etwas hatten – ein Dach überm Kopf z. B., wie die Leute in Markkleeberg, die rückten zusammen. Ob sie es immer gerne und freiwillig taten, das kann ich natürlich auch nicht beurteilen. Jedenfalls muss ich immer daran denken, dass der Hausmeister dieser Schule, in die wir gebracht wurden, sofort erkannt hatte, dass mein Vater unmöglich mit seinen Prothesen auf dem Boden im Stroh liegen konnte. Er wäre von da unten nicht mehr hoch gekommen. So bot er von sich aus dem Vati an, in seiner Wohnung auf einer Couch zu nächtigen. Wie dankbar wir dafür waren! Und es war für unsere kleine Familie ein großes Glück. Wir durften nämlich alle einmal zu den Hausmeistersleuten in die Küche kommen, wo eine Waschschüssel auf einem Hocker bereitstand. Nun konnten wir uns den Dreck von drei Tagen Eisenbahnfahrt abwaschen – endlich! Natürlich wurden wir in der Schule auch verpflegt und sind gegen Abend ganz geschafft auf unser Strohlager gesunken. Doch schon in der ersten Nacht schreckten uns die Luftschutzsirenen hoch. Es gab Fliegeralarm und wir mussten in den Luftschutzkeller der Schule. Das war wohl die Begrüßung von oben.

Aber auch dieses Mal blieb der Vorort Markkleeberg verschont.

Die Flieger, die die Bomberverbände begleiteten, steckten immer ganz genau mit den sogenannten ‚Christbäumen' ihr Angriffsziel ab.

So konnten die Luftschutzwarte ungefähr ermessen, an welcher Stelle in dieser Nacht die Bomben fallen würden.

Am nächsten Tag, dem 30. Januar 1945, wurden wir ziemlich als erste zu Privatleuten gebracht. Ich glaube, dass da Vatis Verwundung berücksichtigt worden ist. Meine Eltern bekamen bei Frau Falk ein Zimmerchen (das war in einer Familie mit zwei halbwüchsigen Kindern, deren Vater noch im Krieg war). Das Zimmer war winzig – zwei Betten, Schrank, Tisch und zwei Stühle – das war's. Meine Oma Hildebrandt und ich, wir mussten eine Straße weiter in die Wohnung eines kinderlosen Ehepaares. Wir bekamen zusammen einen etwas größeren Raum, der mit einer Schiebetür zu trennen ging. Dadurch hatte jeder von uns sein eigenes Eckchen zum Schlafen.

Das neue Leben in der Fremde

In den alten Leuten lebte damals immer doch die Hoffnung, nach Breslau zurückkehren zu können – wenn nur erst der Krieg zuende sein würde.

Es war leider eine vergebliche Hoffnung. Für uns begann ein völlig neuer Lebensabschnitt in immer größer werdender Armut. Wir waren getrennt von allem, was das frühere Leben ausmachte – die vertraute Umgebung der Heimat, unsere gemütliche Wohnung, die Verwandten, die Nachbarn, die Freunde! Alles hatten wir verloren. Das Einzige, was uns wirklich gehörte, das waren unsere Rucksäcke mit den paar Habseligkeiten, die wir auf die Flucht hatten mitnehmen können.

Und wie war unsere Gemütsverfassung? Die war deprimierend. Ich habe mit meiner armen Oma furchtbare Nächte durchgestanden. An Schlaf war kaum zu denken. Ich hörte sie die ganze Nacht weinen.

Oma hat furchtbar nach ihrem Zuhause und ihrem Otto geweint. Opa war ja inzwischen 10 Jahre tot – aber nun konnte sie nicht einmal mehr an sein Grab treten. Auch mein geliebter Mann ist jetzt fast 10 Jahre tot, und heute weiß ich erst, was meine Oma empfunden hat. So gut ich's konnte, habe ich natürlich meine Oma damals getröstet und abgelenkt. Zu guter Letzt mussten wir froh sein, dass wir vier Leutchen zusammen waren und die Flucht zunächst einmal ohne körperlichen Schaden überstanden hatten.

Wir bekamen auch gleich, wie die anderen Einwohner, unsere Lebensmittelkarten und so stand uns wenigstens eine bestimmte Ration an Essen zur Verfügung. Für meine Mutti gingen die Peinlichkeiten schon in der Küche los. Sie musste sich mit Frau Falk – ihrer Wirtin – arrangieren, wann sie den Kochherd im Wechsel benutzen durfte. Zum Glück ging bei Falks alles ohne Ärger ab. Nur mussten wir halt zusehen (und riechen), dass die Einheimischen eben noch ganz andere Sachen zum Kochen hatten. Sie hatten noch ihre Vorräte im Keller – das alles hatten wir Flüchtlinge nicht mehr. Wir lebten von der Hand in den Mund – und das war sehr einfach und es war sehr wenig. Meistens gingen wir zum Mittagessen gemeinsam in eine nahegelegene Gartenkantine. Solche Quellen haben sich unter den Flüchtlingen schnell herumgesprochen. Dort gab uns ein freundlicher Wirt einen preiswerten Eintopf. Und als erst das Kriegsende kam und jegliche Versorgung zunächst zusammenbrach, als unsere wirkliche große Hungerszeit begann, da hat uns dieser Kantinenwirt immer noch ein warmes Essen verkauft. Und wenn es auch noch so einfach war – wir hatten ein paar Löffel Mittagessen auf dem Teller.

Der nächste wichtige Schritt für uns war, eine Arbeit zu finden. Wir mussten uns schließlich Geld verdienen. Das betraf meinen Vati und mich. Da wir im Landkreis Leipzig wohnten, war für uns alle das Landratsamt Markkleeberg zuständig. Mein Vater hatte seine Papiere über seine Beamtenlaufbahn aus Breslau mitgenommen und sprach nun bei dieser Behörde vor, um sich zu bewerben. Wieder hat ihm wohl seine schwere Verwundung geholfen – und sei es auch nur aus Mitleid von einem Personalchef – dass er eingestellt und zu irgendeiner Verwaltungsarbeit herangezogen wurde.

Ich hingegen versuchte an meine Lehrzeit anzuknüpfen und bewarb mich bei der Sparkasse in Markkleeberg (die auch eine Zweigstelle der Sparkasse Leipzig war).

Leider hatte ich kein Glück. Man konnte keinen Lehrling mehr unterbringen, weder hier noch in der Hauptstelle. Durch mein Arbeitsbuch, welches Vati mit auf die Flucht genommen hatte, konnte ich beweisen, dass ich Sparkassenlehrling war. Nur hat es mir im Moment nichts genutzt.

Von meinem Vater ermuntert habe ich dann auch eine Bewerbung ans Landratsamt geschrieben. Diesmal hatte ich Erfolg, Man stellte mich als Kriegsaushilfs-Angestellte ein. Nun war unser Lebensunterhalt fürs erste gesichert. Aber wie lange noch?

Das ging alles nur noch bis zum Kriegsende – bis zum totalen Zusammenbruch.

Von meinem lieben Achim war ich natürlich immer noch ohne jedes Lebenszeichen. Wie sollte das auch funktionieren? Er war bei den Soldaten – irgendwo – und ich war weit weg aus Breslau. Es gab zwar Stellen – z. B. das Rote Kreuz – wo sich die Menschen melden konnten, um wieder Kontakt mit verlorengegangenen Angehörigen zu bekommen. Das taten wir natürlich auch, voller Hoffnung auf Erfolg. Aber der war uns zunächst nicht beschieden.

Wie meine Mutti und die Oma ihre Zeit daheim verbrachten, das war bestimmt sehr trist. Wahrscheinlich mit Anstellen nach allen möglichen Bezugsscheinen für Dinge des täglichen Bedarfs. Am Abend saßen wir immer gemeinsam in dem kleinen Zimmerchen meiner Eltern und nahmen unser bescheidenes Abendbrot ein.

Nach und nach bekamen wir etwas mehr Kontakt zu unseren Gastfamilien. Wir waren ja schließlich ohne unser Zutun so bettelarm geworden. Es gingen nämlich auch ungute Gerüchte über die Flüchtlinge um. Zum Beispiel, dass die Flüchtlinge die Gardinen von den Fenstern nehmen würden, um sich Kleider daraus zu nähen. Das war furchtbar beschämend für uns zu hören. Aber möglicherweise gab es vereinzelt wirklich solche Fälle.

Ich freundete mich sehr bald mit den Kindern von Frau Falk an.

Da gab es den Jochen, der ein Jahr jünger war als ich – dafür aber einen Kopf größer , er war ein bildhübscher Kerl.

Seine Schwester Lieselotte war mindestens zwei Jahre jünger als ich. Beide gingen noch zur Schule. Das Schöne für mich war, dass in der Familie Falk auch musiziert wurde. Im Wohnzimmer stand das Klavier und es gab sogar eine Geige. Jochen und Lieselotte spielten genauso gut Klavier wie ich. Sie staunten nicht schlecht, als ihr Flüchtlingsmädchen ans Klavier ging und loslegte! Und seinerzeit konnte ich vieles auswendig spielen – was ich heute nicht mehr kann. Ich war unheimlich stolz, mit meinen Künsten unseren Ruf noch mehr aufpolieren zu können! Sogar auf der Geige konnte ich noch etwas zum Besten geben. Nur einfache Stücke, aber immerhin. Ich hatte ja gerade 2 Jahre Geigenunterricht hinter mir bis zur Flucht und das reichte wenigstens für Volkslieder. Ganz besonders stolz war ich auch, wenn ich meine mitgebrachten Fotos aus unserer Wohnung zeigen konnte. Die Weihnachtsbilder, die Vati immer jedes Jahr aufs Neue gemacht hat, zeigten mich inmitten meiner vielen Geschenke und hinter mir ist das schwarze hochglanzpolierte Klavier zu sehen. Es war unser kostbarster Beweis, dass wir auch so ein schönes Zuhause hatten, wie unsere Gastfamilie in Leipzig.

Es dauerte nicht lange, da durfte ich, so oft Lieselotte Zeit hatte, mit ihr musizieren. Wir besorgten uns allerhand vierhändige Noten von ihrer Klavierlehrerin –

und dann legten wir los. Wir spielten große vierhändige Fantasien und Ouvertüren und alle möglichen Klassiker – nicht zu vergessen die „Lustspiel- Ouverture" von Kela-Bela. Jochen hatte eine besondere Vorliebe für Chopin. Wenn er Hunger hatte und Zeit zum Essen war, dann tönte bestimmt aus dem Wohnzimmer die Polonaise A-Dur von Chopin.

Er spielte sie ganz toll und wir nannten das Stück inzwischen die „Hungerpolonaise".

Der Vater von den beiden – Herr Falk – war noch als Soldat irgendwo im Krieg oder schon in Gefangenschaft. Ihn habe ich später noch zur Genüge kennengelernt. Er wurde sogar mein Chef!

Die Wohnung war ja sehr groß und Herr Falk betrieb darin auch sein Büro als Wirtschaftsprüfer und Helfer in Steuersachen.

Doch davon erzähle ich später.

Noch lebten wir in den letzten Kriegswochen. Von allen Seiten rückten die Fronten näher. Vom Westen her eroberten die Amerikaner und Engländer das Land und vom Osten drückten die Russen schon bis an die Oder. Dazu kam nachts oft Fliegeralarm. An den "Endsieg" Hitlers konnte kein normaler Mensch mehr glauben. Man wollte nur noch durchhalten und überleben, denn nun musste doch bald Schluss mit dem Wahnsinn sein.

Eines Tages im April 1945 – Die Amerikaner kommen!

Die Gerüchte überschlugen sich. Man blieb zuhause in großer Aufregung. Wie würde es uns denn ergehen, wenn die Sieger kamen? Wer wusste das schon? Ich weiß heute nicht mehr, ob der Sender Leipzig irgendwelche Durchsagen brachte. Wir selber hatten zu der Zeit kein Radio. Aber bei solchen Ereignissen laufen die Nachrichten durch die Stadt auch von Mund zu Mund.

Auf einmal hieß es in Markkleeberg: die Amis kommen mit ihren Panzern! Und Neger sind dabei! So gut es ging, hingen die Leute weiße Laken zu den Fenstern heraus zum Zeichen, dass man sich ergab und keinen Widerstand leisten würde. Es war uns allen unbeschreiblich zumute. Es werden gerade in diesen Tagen im Jahre 1995 sehr viele Filme über das Kriegsende gezeigt und sie sind für mich sehr bewegend. Sie unterstreichen eigentlich, was ich über unser persönliches Schicksal in dieser Zeit geschrieben habe. Leider kann ich über all diese Eindrücke und Erinnerungen nicht mehr mit meinem Mann sprechen und das ist sehr traurig für mich.

Doch nun zurück zu den Erinnerungen an diesen denkwürdigen Tag. Lieselotte und ich kamen auf eine ausgefallene Idee: wir wollten die Soldaten mit Musik empfangen! Falks wohnten im Parterre.

Zwei große Wohnzimmerfenster gingen auf die Verkehrsstraße hinaus. Wir machten die Fensterflügel breit auf und als die Panzer in die Waldstraße eingebogen waren, legten wir beide vierhändig auf dem Klavier los. Wir spielten so laut und gewaltig es ging unsere „Troubadour-Fantasie". Die hatte ganz mächtige Passagen und war bis hinein in das Gedröhne der Motoren zu hören. Außerdem standen die Panzer hin und wieder auch mal still und oben aus dem Turm grinsten uns freundlich die Soldaten an. Für unsere Augen war es ein ungewohntes Bild, dass Neger und Weiße miteinander als Soldaten auf dem Panzer saßen. Nach unserem Klavierstück hingen wir natürlich genau wie die anderen Nachbarn unsere Köpfe zum Fenster heraus. Auf der Straße liefen inzwischen schon die Kinder herum, wagten sich an die Soldaten und bettelten um Kaugummi (das konnte bald jeder: „please, give me chewinggum").

In den nächsten Tagen gab es immer wieder neue Anweisungen auf öffentlichen Aushängen an die deutsche Bevölkerung. Die großen Plakate hingen an allen zentralen Stellen wie Rathaus und dergleichen.

Ab einer bestimmten Abendstunde war Ausgangssperre und was sonst noch alles. Jegliche Waffen mussten im Rathaus abgeliefert werden und auch sämtliche Fotoapparate. Es wurde mit schweren Strafen bei Nichtbefolgung gedroht. Schweren Herzens brachten wir auch unsere Fotoapparate ins Rathaus und dort mussten wir sie zu den anderen auf einen großen Haufen werfen. Das tat weh! Das waren für uns ziemlich die letzten Wertstücke aus Breslau.

Nun besaßen wir nur noch unsere Uhren und den Schmuck, den man an sich trug beim Weggang. Wir haben alle immer gerne fotografiert. Früher, in unserer ersten Wohnung, da hatte Vati sogar eine Dunkelkammer und hat alle Bilder selber entwickelt.

Das waren die Plattenaufnahmen, die man auf Stativ mit der Voigtländer fotografierte (wenn man hindurchschaute, sah man das Motiv auf dem Kopf stehen). Meinen ersten eigenen Fotoapparat habe ich im Tausch gegen meinen Puppenwagen bekommen. Mit diesem Apparat habe ich damals auch die Bilder von unserer Lehrlingswanderung im Gebirge gemacht. Und zum Glück habe ich auch diese Aufnahmen von meinen Breslauer Lehrlingen und vor allen Dingen von Achim mitgenommen auf den Weg in die Fremde. So hatte ich wenigstens ein paar Erinnerungen an meinen Freund Achim, Ein Passfoto hatte mir Achim natürlich in Breslau ebenfalls verehrt – genauso, wie er ein kleines Foto von mir immer bei sich trug.

Am 8. Mai 1945 kam endlich die erlösende Nachricht – der Krieg ist an allen Fronten zuende! Leipzig gehörte nun der amerikanischen Besatzungszone an. Wir waren froh, dass wir nicht bei den Russen leben mussten. Wir ahnten ja nicht ...

Der Krieg ist zu Ende – was nun?

Wir Flüchtlinge hatten nicht nur unsere gesamte Habe, sondern auch noch die Heimat verloren. Wir standen in dieser neuen Situation ganz arm in der Welt. Wir merkten sehr bald den Unterschied zu den Einheimischen. Die hatten nämlich – sofern sie nicht selber auch ausgebombt waren - ihre Schränke mit Wäsche voll und Teppiche in der Wohnung liegen, die man gegen Naturalien tauschen konnte.

Es begann das Zeitalter der Tauschgeschäfte. Für uns kam erschwerend dazu, dass wir völlig fremd in der Umgebung waren und überhaupt nicht wussten, wo man vielleicht noch etwas ergattern konnte. So lebten wir – Vati, Mutti, Oma und ich – nur von den zugeteilten Lebensmitteln. Zum Mittagessen gingen wir, wie ich es schon mal erzählt habe, zu unserem netten Kantinenwirt. Der Fleischer in Markkleeberg bot auch ein Essen an. Er kochte in einem Riesenkessel Gemüseeintopf. Dort standen wir abwechselnd Schlange mit einem Topf in der Hand und bekamen einen Suppenschöpfer zugeteilt. Unvergesslich für mich ist, dass es auf dem Grund immer anfing zu knirschen zwischen den Zähnen und man dann auch den Sand sah. Die Möhren waren wohl nur oberflächlich gewaschen worden und die Kartoffeln wurden sowieso aus Sparsamkeit nur mit der Schale gekocht. Aber alles half letzten Endes zu überleben in dieser Notzeit.

Die Kriegsgefangenen kommen heim.

Eines Tages hatte mein Vater ein aufregendes Erlebnis. Er hat uns später noch oft erzählt, wie ihm das Herz bis zum Hals geschlagen hat und dass er echte Angst hatte.

Er stand eines Morgens an der Haltestelle der Straßenbahn in Markkleeberg um ins Landratsamt zu fahren. Da hielt unvermittelt ein Ami-Jeep neben ihm und es wurde Vati geboten, sofort einzusteigen. Sie fuhren mit ihm zur Kommandantur der Amerikaner und dort wurde ihm dann endlich diese Aktion erklärt. Ich kann mir wirklich lebhaft den Schrecken meines Vaters vorstellen!

Es war folgendes passiert: Das Landratsamt hatte ihn ausgewählt, im ‚Forsthaus Raschwitz', das war ein riesiges Ausflugslokal zwischen Leipzig-Connewitz und Markkleeberg-Mitte, die Registrierung der heimkehrenden deutschen Kriegsgefangenen vorzunehmen. Dazu bekam er noch einen Mann als Hilfe gestellt, der körperlich beweglicher war als er selbst und dann sollte er sich noch eine zuverlässige Schreibkraft besorgen. Natürlich hat mein Vater sofort an mich gedacht, da ich ja auch im Landratsamt tätig war. Der Vorschlag ist auch genehmigt worden und so zogen wir los, um im Forsthaus Raschwitz unser provisorisches Büro aufzuschlagen. Aus Tischen bauten wir einen Tresen hinter dem Vati sitzen konnte und nebenan am Tisch saß ich mit der Schreibmaschine.

Im ehemaligen Tanzsaal nebenan waren Stockbetten aufgebaut für diejenigen Soldaten, die nicht gleich weiter konnten. Sie kamen schließlich aus Gefangenschaft und mussten sich erst einmal orientieren, wohin sie sich überhaupt wenden konnten, um ihre Angehörigen wiederzufinden. Das ganze Land war bis auf wenige Gebiete zerbombt und die Bevölkerung durcheinandergewürfelt nach überall hin. Wohin, das war für alle die bange Frage!

Unsere Aufgabe war es nun, wenn ein Gefangenentransport eintraf, die Männer zu registrieren. Sie wurden auf offenen Lastwagen gebracht – kahlgeschoren die meisten von ihnen. Viele kamen aus dem Lager Kreuznach. Das muss riesig gewesen sein. Ach, was taten uns die Kerle leid! In langen Schlangen mussten alle nun bei uns anstehen und ihre Soldbücher zum Eintrag in unsere Entlassungslisten vorzeigen. Anschließend wurde ihnen ein warmes Essen gereicht an Tischen und Stühlen im gleichen Raum. Sie wurden auch mit Brot verpflegt und konnten nach dieser Zeremonie praktisch als entlassene Soldaten ihre Fahrt in die Heimat – oder das, was noch übrig geblieben war – antreten. Sie konnten aber auch noch einmal im Saal übernachten, bevor sie sich auf dem Weg machten. Ich glaube, dass sie auch ein kleines Überbrückungsgeld für die Heimfahrt erhalten haben. Für Vati und mich gab es abends, nach so einem anstrengenden Tag, von der Essensausgabe eine extra Portion Brot zum Nachhausenehmen. Das war ein kostbarer Zuschuss für die Familie, Wir mussten diese Arbeit im ‚Forsthaus Raschwitz einige Wochen machen, bis der Heimkehrerstrom versiegte.

Eines Tages warteten wir vergeblich auf entlassene Soldaten. Statt dessen – was kam die Straße herauf getrappelt? Russische Truppen mit Pferdegespannen! Mongolen in Panjewagen – kleine drahtige Kerle mit Schlitzaugen. Was für ein Anblick!

Wir waren geschockt und es dämmerte uns, dass nun noch schwerere Zeiten auf uns zukommen würden.

Die Gerüchte darüber, dass die Amis abziehen und die Russen kommen würden, die gingen schon eine ganze Weile um.

Aber daraufhin hingen in der ganzen Stadt Plakate mit der Mahnung an die Bevölkerung „wer Gerüchte verbreitet wird standrechtlich erschossen..." Unterschrift Kommandantur!

Man wollte es ja auch nicht glauben. Wir waren so froh, dass der Ami in Leipzig war und nun plötzlich – über Nacht – russische Besatzungszone.

Es stimmte also doch – die Amis zogen sich über Nacht zurück und die anderen Sieger zogen ein. Was wussten wir von den Abmachungen der Siegermächte damals? Nichts – wir hatten ja nicht einmal ein Radio. Musste uns dieses Los treffen? Waren wir deshalb so weit vor den Russen geflüchtet, dass wir nun doch von ihnen eingeholt wurden? Wir waren sehr unglücklich darüber.

Nun waren wir beiden Berufstätigen durch unsere Arbeit abgelenkt von all den täglichen Existenzsorgen. Viel schwerer hatten es wohl noch unsere beiden Frauen daheim. Für sie drehte sich alles darum, irgendwie etwas Essbares auf den Tisch zu bringen. Und da jede auch nur ein Stübchen in Ordnung zu halten hatte, gab es auch nicht viel Hausarbeit zu tun. Also hatten sie noch viel mehr Zeit, über unser trostloses Schicksal nachzudenken bzw. wehmütig zurückzudenken an das, was wir verloren hatten. Meine Oma hatte inzwischen von der Familie Falk und von unseren Wirtsleuten sämtliche Strümpfestopferei übernommen und sich damit ein paar Pfennige verdient. Am schlimmsten hat es Mutti getroffen. Sie wurde sehr krank – und zwar nervenkrank. Mutti bekam am ganzen Körper Schmerzen. Man durfte sie nirgends auch nur leise berühren, dann hat sie vor Schmerzen aufgeschrieen. Es gab im Ort einen ganz urigen Arzt – sie nannten ihn den Flüchtlingsarzt. Der hat dann irgendwann Mutti wieder auf die Beine gebracht. Auch mir hat er später einmal geholfen, als selbst die Hautklinik in Leipzig nur hilflos meiner total vereiterten Hand gegenüber stand. Die war eines Tages so schlimm geworden, dass mein Vati Bange hatte, ich würde meine Hand verlieren. Unser Dr. Ihm aber hat dann kurzentschlossen gehandelt. Er betäubte jeden Finger und die Handinnenflächen – was alles dick angeschwollen und vereitert war – mit einer Vereiserspritze, bevor er dann an allen Stellen Schnitte anbrachte. Dann sollte ich wegschauen. Die Krankenschwester und der Arzt drehten meine Hand über einem Eimer um und der ganze Mist lief buchstäblich heraus. Die Hand wurde gerettet und musste nur jeden Tag in einer Lösung gebadet und frisch verbunden werden. Man meinte damals, dass ich mich an irgendeinem Geld infiziert hätte.

Ja, es waren schon sehr schwere Zeiten, wenn ich heute so daran zurückdenke. Unsere richtige Hungerszeit hatte mit dem Kriegsende erst so richtig begonnen – und das ging noch einige Jahre so weiter. Meine Eltern haben in diesen Zeiten jeder 60 Pfund abgenommen und waren beide nur noch ein Strich in der Landschaft. Auch meine mollige Oma wurde dürr und hager. Nur meiner Jugend hat das rein äußerlich nicht so viel ausgemacht. Ich blieb noch eine ganze Weile ziemlich unverändert. Erst in meiner Brautzeit – ein paar Jahre später – als ich freiwillig noch weiterhungerte, um Geld zu sparen für unsere Möbel, da bin ich auch so schlank geworden.

Doch davon erzähle ich später mehr.

Wir waren nicht allein in der sowjetischen Besatzungszone gelandet, wie wir noch im Laufe der Zeit erfuhren. Hin und wieder konnte das Rote Kreuz bei der Suche mithelfen, Angehörige zu finden. Man traf auch plötzlich alte Bekannte in der Fremde wieder, die zufällig auch über den Verbleib eines Mitmenschen Auskunft geben konnten. So wussten wir irgendwann, dass Onkel Hermann und Tante Friedel mit ihren Kindern Manfred und Norbert und mit dem Kindermädchen Emma in Richtung Erzgebirge geflüchtet waren. Auch Onkel Hermanns Schwester, die Pianistin Tante Vally und deren Mama waren dorthin geflüchtet. Alle zusammen bewohnten nun in Forchheim/Erzgebirge ein Häuschen, in welchem Onkel Hermann eine gepachtete Zahnarztpraxis betreiben konnte.

Die beiden Brüder meiner Mutter, Hugo und Kurt, kamen zum Glück auch aus Gefangenschaft zurück. Mein Onkel Hugo lebte – verheiratet mit der Tochter eines Tanzkapellmeisters – in Ostberlin. Onkel Kurt mit seiner Frau Lotte und zwei Söhnen wurden in Stuttgart-Kornwestheim ansässig. Aber ich weiß nicht mehr, was sie nach Stuttgart verschlagen hat nach ihrer Flucht aus Breslau. Ich kann leider auch niemanden mehr fragen.

Muttis Schwester Lotte hingegen – die Fleischerfamilie Schunke – flüchtete Richtung Norden und landete in Emden. Dort in Eilsum bei Emden haben sie später wieder mit einer Würstchenbude auf Jahrmärkten angefangen und langsam wieder eine Fleischerei aufgebaut.

Unsere Verwandten aus Sarbia waren mit dem Treck in der Mark Brandenburg bei Neuruppin zum Halt gekommen (auch russische Besatzungszone). Sie erhielten später kleine Neubauernhöfe übereignet. Die Großgrundbesitzer im Land wurden von den Russen kurzerhand enteignet und die Anwesen wurden in kleine Kolchosen – genannt Neubauernhöfe – aufgeteilt.

Unser Leben in Markkleeberg

Eines Tages gab es bei Familie Falk eine Riesenfreude. Der Vater kam aus Gefangenschaft heim. Wir staunten nicht schlecht, als wir den Papa sahen. Er war genau einen Kopf kleiner als seine Frau, die aber auch eine besonders große Person war. Was wir natürlich spaßig fanden war, dass sie ihren kleinen Mann auch noch „Männe" rief. Für uns war jedenfalls nur wichtig, dass der heimgekehrte Hausherr zu uns freundlich war. Schließlich fand er bei seiner Heimkehr fremde Menschen in seiner Wohnung vor!

Vor lauter Freude über die glückliche Heimkehr ihres Mannes kochte Frau Falk einen Topf voller Klöße (bei dem Kartoffelmangel war das eine große Delikatesse). Ja, die sollte es eigentlich werden. Aber es wurde ein „Feiertagstränenkloß", wie wir es später immer aus Spaß nannten. Der ganze Kloßteig war zu Suppe zerfallen! Frau Falk war in Tränen aufgelöst und nur schwer zu trösten. Aber mit vereinten Kräften gelang es uns allen dann schon noch, sie wieder aufzurichten. Es gab schließlich Schlimmeres!

Nun fingen die Russen an, „Ordnung" zu schaffen. Vor allen Dingen mussten jede Menge Fragebögen ausgefüllt werden zur Person eines jeden. Die wichtigste Frage war natürlich immer: Waren Sie Mitglied der Partei oder irgendwelcher Organisationen? Wer das wahrheitsgemäß mit ‚ja' beantwortet hat, der wurde schleunigst entnazifiziert. Das bedeutete zunächst einmal den

Rauswurf aus dem Beruf. Auch meinen Vati traf dieses Los. Als Stadtinspektor war er Beamter und als solcher musste er unter Hitler Mitglied der NSDAP sein. Eine solche Begründung war den Siegern natürlich vollkommen Wurst. Ihrer Ansicht nach war jedes Parteimitglied ein Nazi.

Ich weiß heute nicht mehr so genau, wie lange Vati sich um eine andere Stellung irgendwo bemühte. Seine Beamtenrechte waren ihm aberkannt worden und er musste nun ohne Aussicht darauf, jemals im Alter versorgt zu sein, bei Null anfangen. Auch meine Oma Hildebrandt bekam nun keinerlei Bezüge zum Lebensunterhalt mehr, denn sie war auch Beamtenwitwe. Sie verlor ebenfalls ihre Versorgungsansprüche. Wir wurden immer ärmer und ärmer – eine ganz schlimme Zukunftsvision! Dass das Leben noch einmal ganz unten mit Null anfangen musste, das war besonders schlimm für die Generation meiner Eltern und Großeltern. Sie trugen nun voll und ganz die Last des verlorenen wahnsinnigen Krieges. Wir Jugendlichen hatten immer noch unser Leben vor uns und die Hoffnung, irgendwann auch wieder bessere Zeiten kennenzulernen.

Doch zunächst begann das Zeitalter des Schwarzmarkthandels. Die Menschen mussten sich auch irgendwie die Dinge des täglichen Bedarfs beschaffen. Entweder hatten sie noch etwas zu tauschen, dann konnten sie in die offiziellen Tauschzentralen gehen oder zu den Bauern. Eine andere Möglichkeit war, die überall aufblühenden Schwarzmärkte aufzusuchen. Das war aber gefährlich!

Man konnte dort unter der Hand Zigaretten, Kaffee, Schokolade oder Brot kaufen. So man Geld genug hatte. Einzelne Preise sind mir noch in Erinnerung: eine

Zigarette kostete 10 Mark, ein 3-Pfund-Brot kostete 90 Mark usw. Aber auf dem Schwarzmarkt einzukaufen war nicht ungefährlich, weil es immer wieder Razzien von der Polizei gab. Es war eine verbotene Sache und man durfte sich nicht erwischen lassen.

Im Büro Falk in Markkleeberg

Eines Tages rief mich Herr Falk in sein Herrenzimmer und sagte mir, dass er seinen Bürobetrieb wieder aufnehmen würde. Die Geschäftsleute im Ort brauchten ihn wieder als Steuerberater. Er bot mir an, bei ihm als Buchhalterin und Stenotypistin zu arbeiten. Mein Gehalt würde so ungefähr 180,— Mark ausmachen. Da ich als Kriegsaushilfsangestellte im Landratsamt viel weniger verdiente, gab es für mich keine Frage. Ich nahm das Angebot, bei ihm zu arbeiten, mit Freuden an. Außerdem war ich in der Familie im Augenblick der einzige Verdiener. Herr Falk hatte sich natürlich schon vorher manches Mal mit mir unterhalten und gefragt, was ich für eine Schulbildung und sonstige Kenntnisse hatte. Dass ich in Stenografie und Maschineschreiben auch firm war, das kam mir doppelt gelegen – und besonders ihm. Ich habe dann im Laufe der nächsten Jahre, die ich bei ihm arbeitete, unendlich viele Bilanzen getippt und oft im Beisein von seinen Kunden im Herrenzimmer lange Verträge ins Stenogramm diktiert bekommen. Eine verantwortungsvolle Arbeit, denn diese Verträge mussten nachher total fehlerfrei getippt werden.

Ab April 1946 arbeitete ich also bei Herrn Falk. Wir waren zu dieser Zeit 4 Angestellte. Drei davon verstanden sich wunderbar, denn wir waren alle arm, hatten alle einen knurrenden Magen und saßen sozusagen im selben Boot. Da war Frau Krenkel, die als Kriegerwitwe, tief in Schwarz gekleidet, sich nun ihr Brot selber verdienen musste; dann ein sehr alter Herr – ehemaliger Lehrer von Herrn Falk – und meine Wenigkeit, das Fräulein Missal. Der vierte Kollege dagegen war ein Stinktier! Ein widerlicher, dicker Kerl, der aus unerfindlichen Gründen immer noch satt zu essen hatte und sich auch gar nicht schämte, seine dickbelegten Brote genüsslich schmatzend vor uns zu verspeisen. Er hat geschmatzt – ich übertreibe nicht!

Unser Zimmerchen, in dem wir arbeiteten, war ein sehr kleiner Raum – ein sogenanntes Handtuch. Die beiden Buchhalter hatten ihren Arbeitsplatz am Esstisch. Wir beiden Schreibdamen saßen an unseren Schreibmaschinentischchen, die gegeneinander gestellt unter dem Fenster standen. An diesen niedrigen Tischen haben wir nicht nur Maschine geschrieben, sondern oft auch in gebückter Haltung die Buchhaltung für unsere Kunden in den Kontobüchern gemacht. Aber was war in diesen Zeiten nicht alles improvisiert? Außerdem wohnten noch eine Weile meine Eltern bei Falks und dieser Raum fehlte der Familie schließlich auch. Aber, soviel ich mich erinnern kann, sind wir noch im selben Jahr in zwei Zimmer nach Markkleeberg-Ost umgezogen. Unsere Oma wurde von Tante Friedel nach Forchheim genommen. In ihrem Häuschen gab es für unsere Oma auch noch ein Plätzchen und sie konnte dort noch ein bisschen im Haushalt werkeln, während Tante Friedel in der Praxis half.

Zu der Zeit lebte auch noch die Mama von Tante Vally in dem Haus in Forchheim.

Für meine Cousins, Manfred und Norbert, war es natürlich schön, dass sie jetzt einmal die Oma um sich hatten. Sie haben dort in wunderschöner Landschaft ein paar unbeschwerte Kinderjahre verleben können. Ich habe in Forchheim auch mal einen Urlaub verbracht bei meinen Angehörigen. Dort habe ich aus lauter kleinen Fäden die sagenhaften Eierwärmer gehäkelt, die ich immer noch als Andenken aufbewahre. Es war ja die Zeit, in der man aus einem Nichts noch etwas zauberte.

Im Büro Falk war die Arbeit in den Wintermonaten besonders unvergesslich. Es gab keine Kohleversorgung. Nicht einmal Falks, die Einheimischen, hatten genug zu heizen. Unser Berliner Ofen im Arbeitszimmer wurde zwar früh angeheizt, aber mehr als 8 Grad Zimmertemperatur zeigte das Thermometer nicht an. Meine Hände wurden immer wieder steif vor Kälte. Dann habe sich sie unter meinen Po geklemmt und mit meiner eigenen Körperwärme wieder etwas angewärmt.

Wenn ich an meinen Weg ins Büro denke, muss ich heute staunen, wie man das alles bewältigt hat! Ich musste fast 3 km von Markkleeberg-Ost nach Markkleeberg-Mitte laufen und zwar durch einen kleinen Wald, mit ganz schlechtem Schuhwerk und mit zwei Scheiben trockenem Brot als Vesper in der Tasche! Und am Ziel angekommen erwartete mich ein schön kühles Bürozimmer.

Unsere Frühstückspause haben wir immer erst eingelegt, wenn wir den Hunger nicht mehr aushalten konnten und unsere Mägen ganz laut knurrten. Das ging der Suse Krenkel genauso wie mir mit dem mageren Vesperbrot und nur der dicke Schmidt grinste über uns und fraß seine gut belegten Brote. Er machte sich noch über unser Magenknurren lustig. Daraus kann man schon mal den fiesen Charakter erkennen, den der Kerl hatte. Er war Einheimischer und ohne Verlust durch den Krieg gekommen – das gab's natürlich auch.

Unser neues Zuhause in Markkleeberg-Ost

Als wir in unsere zwei Leerzimmer einzogen fehlte es praktisch an allem. Man brauchte schließlich vor allem 3 Betten. Von Geschirr und Möbeln aller Art ganz zu schweigen. In dem kleineren Raum, der uns als Küche dienen sollte, stand mein Bett. Meine Mutter hat mir später – als es uns wieder etwas besser ging – erzählt, was sie mir damals nicht sagen konnte: ihr hat es gegraust, wenn sie mein Bett gerichtet hat! Da hat sie in der Matratze die Maden kriechen sehen! Bloß gut, dass ich's nicht wusste. Ich schlief ahnungslos und tief den Schlaf der Jugend nach getaner Arbeit. Und ich erkenne heute ganz genau, dass ich all das Elend um mich herum viel gelassener nahm als meine Eltern. Sie hatten unendlich viel verloren in Breslau und waren in einem Alter, wo es schon schwer fällt, noch einmal ganz von vorne anzufangen. Noch dazu in einer Zeit, wo man kein Geld hatte, etwas zu kaufen. Es gab ja auch nichts. Alles fing erst einmal bei Null an. Vor mir aber lag immerhin noch das ganze Leben, auf das man munter drauf zuging, egal wie schwierig der Alltag auch war. Für mich gab es nur den einen Kummer, dass ich nichts von meinem Achim wusste. Und nur um mein Klavier habe ich fürchterlich gejammert. Ich muss damit meinen armen Eltern schrecklich auf die Nerven gegangen sein!

Nach und nach kamen wir zu einer zusammengestoppelten Einrichtung. Mutti nähte für fremde Leute. Meist gegen Naturalien oder für ein gebrauchtes Möbelstück. Und ich strickte für Fremde aus ihren gelieferten Garnen Pullover und Strickjacken. Ich bekam dafür 35 Mark gezahlt als Arbeitslohn. Das war meine Feierabendbeschäftigung, wenigstens solange Strom da war zur Beleuchtung.

Der wurde nämlich auch zu einer bestimmten Zeit ausgeschaltet.

Dann hat man noch eine Weile mit Kerzenlicht gesessen.

Die Eigentümer des 3-Familienhauses, in dem wir nun im Parterre als Untermieter bei einer Kriegerwitwe wohnten, waren ein sehr freundliches altes Ehepaar (ich strickte damals für die alten Herrschaften auch Jacken).

Irgendwann müssen sie Mitleid mit meinen Klagen um mein verlorenes Instrument bekommen haben. Eines schönen Tages boten sie mir ihr Klavier an. Sie wollten es mir gerne borgen, da bei ihnen niemand mehr darauf spielte. Was für ein glücklicher Moment für mich! Aber ich handelte mir mit dem Instrument auch ganz schönen Ärger mit unserer Vermieterin ein.

Sie konnte das Klavierspiel nicht ertragen, weil ihre Nerven nicht mehr die Besten waren. Nun gut, sie hatte ihren Mann im Krieg verloren und lebte jetzt allein mit ihrem erwachsenen Sohn.

Aus dem anfänglichen Gemecker über das Spielen (was sich damals weiß Gott hören lassen konnte) wurden im Laufe der Zeit gemeine Schikanen gegen meine Eltern. Nur ein Beispiel von vielen: sie schüttelte ihre leeren Kohlesäcke im Hof genau neben Muttis Wäscheleine aus! Das bedeutete, dass Mutti bei der Seifenknappheit die Wäsche noch einmal waschen musste.

Der Winter 1946/47 wurde wieder sehr kalt und es gab kaum etwas Heizbares. Auch zum Kochen brauchten wir ja Holz und Kohle. Vati hatte von irgendwoher einen Puppchenherd ergattert. Wir nannten ihn so, weil er ganz winzig war. Es ging z. B. nur ein Brikett in das Feuerloch und nur ein Topf hatte oben auf der Herdplatte Platz. Das Holz zum Heizen und zum Kochen bekamen wir von der Gemeinde Markkleeberg in Form eines Baumes zugeteilt. Das bedeutete, mit einem Haufen anderer Leute und einem Förster in den nahegelegenen Wald zu gehen, wo man seinen Baum zugeteilt bekam.

Man stelle sich vor: hoher Schnee, für den wir schon mal kaum das richtige Schuhwerk hatten. Dann wir zwei Frauen mit einer geborgten Axt und einem geborgten Schlitten. Umgelegt hat uns jemand den Stamm, aber die Äste abtrennen und den Stamm zerkleinern, das mussten wir schon selber machen. Nachher alles auf den Schlitten packen und nun noch die schwere Fuhre heimwärts ziehen! Unser Vati konnte uns dabei wirklich nicht helfen. Nun mussten wir das Heizmaterial auch noch so einteilen, dass man die Stube wenigstens überschlagen (lauwarm) bekam. Gerade mal so, dass man nicht erfror! Obwohl wir den Berliner Ofen im großen Zimmer lauwarm bekamen gab er kaum Wärme ab. Über Nacht fing es an den Wänden zu glitzern an. Meinem Vati war am Morgen der Nachttopf, der unterm Bett stand, eingefroren. An Klavierspielen war im Winter sowieso nicht zu denken.

Bevor sich das Jahr 1946 dem Ende entgegen neigte machte ich einen verzweifelten Versuch, etwas über meinen Achim zu erfahren.

Auf gut Glück schrieb ich einen Brief an seine Breslauer Adresse.

Und das Schicksal meinte es wieder einmal gut mit mir!

In der Wohnung im Odertor, Einbaumstraße 30, wohnten tatsächlich noch Achims beide Zwillingstanten und die Oma. Dass das Odertorviertel noch verhältnismäßig verschont geblieben war bei den Kriegshandlungen, das hatte ich inzwischen in Leipzig von anderen Flüchtlingen erfahren. Deshalb machte ich diesen letzten Versuch, vielleicht über seine alte Adresse etwas zu erfahren.

Meine Post erreichte auch tatsächlich die Angehörigen von Achim.

Sie waren während der ganzen Festungszeit in Breslau geblieben.

Das hing mit der Arbeitsstelle einer Tante zusammen, die nicht aus der Festung heraus durfte – und trennen wollten sich die drei Frauen auf keinen Fall. So blieben sie einfach in ihrer Wohnung und hatten obendrein das Glück, dass ihr Haus nicht von Bomben getroffen worden ist. Aber sie hatten inzwischen auch schon über das Rote Kreuz nach ihrem Neffen geforscht und von denen eine Rückantwort mit der Adresse von Achim bekommen! Er war in der Tschechei in Gefangenschaft. Diese Adresse haben mir Achims Tanten nun sofort auf meinen Brief hin mitgeteilt. Ich war so froh darüber – das kann sich niemand vorstellen! Endlich hatte ich wieder die Möglichkeit, mit Achim Verbindung aufzunehmen.

Viel später habe ich erfahren, dass seine Tanten und die Oma noch in der Weihnachtswoche 1946 von den Polen aus Breslau vertrieben wurden. Hätte ich nur ein paar Wochen später die Idee bekommen, nach Breslau zu schreiben – meine Post wäre nie mehr dort angekommen.

Frühling 1947 in schwerer Zeit

Das Schönste an diesem Frühling war, dass Mutti eines Tages ganz aufgeregt zu mir ins Büro kam und einen Brief in der Hand schwenkte. "Der Achim hat geschrieben!" Meine Freude war unbeschreiblich! Hoffen und

Bangen hatten ein Ende. Meine Post hatte ihn erreicht und ganz glücklich schrieb er zurück. Nun konnten wir uns wenigstens schriftlich Mut zusprechen, möglichst auszuhalten bis zum schönen Wiedersehen. Dass ein Briefwechsel über fast 3½ Jahre daraus entstehen würde, das ahnten wir damals noch nicht.

Nach und nach erfuhr ich von Achim, dass er bei Dresden in Gefangenschaft geraten war und dass er von Pirna zu Fuß in die Gefangenschaft bis nach Deutschbrod in die Tschechei gelaufen ist. Die Russen hatten damals die Gefangenen, die nicht gut zu Fuß waren, in Eisenbahnwaggons verfrachtet – ab nach Russland. Die Kolonne, die sich zum Fußmarsch gemeldet hatte, darunter auch mein Achim, wurde den Tschechen übergeben und kam dorthin in Gefangenschaft. Achims Entscheidung war sein Glück. Es ist ja hinreichend bekannt, wann endlich seinerzeit die Gefangenen aus Russland heimkehrten.

Und wie sie heimkehrten! Der damalige Kanzler Adenauer setzte sich mit Nachdruck für die Freilassung der Soldaten in Russland ein.

Achim musste mit seinen Mitgefangenen in einer Stärkefabrik arbeiten Er hat mir später immer erzählt, dass er seitdem keinen Pudding mehr sehen kann. Sie hatten sich dort das Zeug nebenbei auch gekocht und furchtbar übergegessen. Nach und nach forderten die Landwirte die Gefangenen als Arbeitskräfte an. Auf diese Weise kam Achim auch zu einem großen Bauern. Bei dem musste er wohl schwer arbeiten – aber er hatte satt zu essen. Und wie froh war man damals, wenn man sich sattessen konnte! Wir hungerten zu dieser Zeit schrecklich in Leipzig – über Jahre hinaus. Man erfand die dollsten Gerichte – nur, damit etwas im Magen war.

Es gab noch etwas Erfreuliches in diesem Frühling – da bekamen wir Flüchtlinge ein Stück Grabeland von der Gemeinde Markkleeberg zugeteilt. Das waren 250 qm Wiese die man selber urbar machen musste. Nun gab es Hoffnung, etwas Gemüse und Kartoffeln anbauen zu können, um dann endlich im Sommer etwas mehr zum Essen zu haben. Bis dahin nahmen die dünnen Eintöpfe und geriebenen Kartoffelsuppen unseren ärgsten Hunger.

Vati hatte in Markkleeberg-Mitte eine Samenhandlung ausgekundschaftet. Dort holte er sich immer Saaterbsen – knallharte grüne Dinger – die wir uns auch als Mittagessen kochten. Aber die mussten unendlich lange kochen – oh je. Mutti hatte einen grauen groben Leinensack genäht (Einkaufstaschenersatz), den wir „Hungerbeutel" nannten. Damit ist Vati sogar zu den Bauern in der Umgebung betteln gegangen! Soweit waren wir nun schon in unserer Armut und dem Hunger gekommen. Wenn ich daran denke, wie Mutti einst jeden Sonntag einen armen Bettler mit einem guten Sonntagsbraten bedient hat. Einmal hat Vati bei einem Bauern in der Nähe um ein paar Eier gebeten – statt Eier haben sie ihm grüne Äpfel in den Beutel geschüttet! Das war bestimmt eine furchtbare Demütigung für meinen Vater.

In dieser Zeit bin ich mit Mutti etwas außerhalb des Ortes an Feldrainen nach Brennnesseln und Kamille suchen gegangen. Aus den Brennnesseln hat Mutti Spinat gekocht und die Kamillenblüten trockneten wir zu Tee. Etwas anderes gab es kaum zu trinken. Vielleicht etwas Malzkaffee auf Zuteilung. Es gab inzwischen ja wieder Lebensmittelmarken – mit kleinsten Rationen. In der Woche stand jedem von uns ein Brot zu. Mutti kaufte die drei Brote am Anfang der Woche und zeichnete jedes Brot mit einem anderen Merkmal. Danach wurden sieben Kerben eingeritzt in jeden Leib Brot und so entstand die tägliche Ration, die sich jeder nun selber abschneiden und einteilen konnte. Das war sehr gerecht, denn wir hatten schließlich alle den gleichen Hunger. Es ergab ungefähr 5 Scheiben Brot pro Tag. Es hat auch jeder von uns sich in ähnlicher Form die Margarine und den Kunsthonig eingeteilt. Das war unser Brotbelag, den wir noch als Wurstersatz durch eine falsche Leberwurst bereicherten. Das war einfach eine Einbrenne von Mehl, in welcher vorher etwas Zwiebel angeröstet wurde. Dazu kam als Gewürz viel Majoran, Pfeffer und Salz – fertig war's. Und wie uns das geschmeckt hat!

In dieser Hungerszeit bin ich oft nachts aufgewacht, weil ich vor lauter Hunger nicht schlafen konnte. Dann bin ich heimlich an unser Vorratsregal (Küchenschrankersatz) geschlichen und habe aus allen Näpfchen ein bisschen genascht – auch von den Eltern.

Es war bestimmt das einzige Mal in meinem Leben, dass ich etwas gestohlen habe. Es tut mir wirklich heute noch leid! Hunger tut weh, deshalb kann ich es heute sehr gut nachfühlen, wenn darüber von irgendwo auf der Welt berichtet wird. Meinen Eltern habe ich das natürlich später auch gebeichtet, was aber nicht nötig gewesen ist. Sie hatten es sowieso stillschweigend zur Kenntnis genommen – und längst verziehen.

Zu der Zeit war ich auch immer noch der einzige Verdiener in der Familie. Es war ganz selbstverständlich, dass ich voll die Eltern unterstützte und bis auf ein Taschengeld alles zum Unterhalt beisteuerte. Mutti verdiente, wie schon mal erwähnt, mit Näharbeit noch etwas an Naturalien dazu und ich strickte jede freie Minute für andere Nachbarn.

Mein Vater aber hatte die riesige Aufgabe zu bewältigen, unser Stück Grabeland – die Wiese – aufzubereiten. Mit dem Mut der Verzweiflung muss er damals daran gegangen sein. Mit seinen Prothesen hat er den Spaten in die Erde gestoßen – eine unsagbare Kraftanstrengung durch die Wiese hindurch. Aber Vati hat es Zeile für Zeile geschafft. Es hat ihm niemand geholfen dabei und so leid es uns tat – wir Frauen hatten die Kraft dazu auch nicht. Als es umgegraben war, da hat Mutti sich natürlich um Aussaat und Anpflanzung gekümmert, weil ihr das Bücken wiederum leichter fiel als dem Vati. Nun war das erste Mal unser Garten bestellt. Alles gedieh schnell und gut, weil das Land direkt an die Pleiße angrenzte und dadurch ziemlich feucht war. Aber gerade als wir die ersten Bohnen ernten wollten, da geschah etwas ganz Furchtbares! Ich sehe uns im Geiste heute noch weinend am Abhang stehen, der zu dem Garten herunterführte. Vor unseren Augen versank der Garten in den Fluten der schmutzigen Pleiße, die plötzlich Hochwasser führte! Auf dem Flüsschen schwammen auch immer weiße Schaumkronen von irgendwelchen Abwässern. Als die Jauche abgelaufen war, mussten meine Eltern mit dem Anbau noch einmal von vorne anfangen – mit dem Hunger im Magen ... Aber dieses Malheur ist zum Glück nur einmal passiert während wir das Gärtchen hatten. Aber halt gerade zu der Zeit, als wir das Gemüse und die Kartoffeln so bitter nötig gebraucht hätten! Auch unsere Verwandten aus Wall, die ehemaligen Sarbiaer, schickten uns Pakete mit Kartoffeln und getrockneten Brotrinden (die Brotrinden kauten wir wie das feinste Konfekt als Nascherei am Abend oder auch mal im Kino).

Neue Freunde und neue Freude

Wenn man wie wir damals von heut auf morgen in einen anderen Lebenskreis versetzt wurde, dann lernte man dadurch im neuen Umfeld auch viele, viele neue Menschen kennen. Und wenn ich zurückdenke, dann waren es überwiegend liebe und hilfsbereite Menschen. An sie ist die Erinnerung groß geblieben, während diejenigen, die uns wehtaten, in der Erinnerung verblassen. Und das ist gut so! Ich selber habe sogar ein paar Freundschaften knüpfen können und habe Bekanntschaften geschlossen, die Jahrzehnte überdauert haben. In diesem Rückblick fällt mir wieder ein Spruch ein, den ich damals in Markkleeberg in einem Buch gelesen habe, als ich noch mit meiner Oma in einem Stübchen wohnen musste und auch noch keine Arbeit hatte. Damals führte ich Tagebuch und sammelte Sprüche, die ich niederschrieb.

„Von jedem, der dir durch das Leben schritt bleibt eine Spur an deiner Seele hangen, drum trägst du im Gewand ein Stäubchen mit von jedem Weg, den du gegangen!"

Während meiner Dienstzeit im Landratsamt Markkleeberg hatte ich einige wirklich nette Kollegen. Mit einem blonden bildhübschen Mädchen habe ich sofort Freundschaft geschlossen. Lydia C. war genau wie ich ein Flüchtling. Man könnte die heutige Barbiepuppe nach ihr modelliert haben. Lydia hatte langes blondes Haar über die Schulter fallen und eine Wespentaille. Sie war 5 Jahre älter als ich und hatte schon in Gleiwitz/Oberschlesien im Landratsamt gearbeitet.

Ihre Mama und noch drei Geschwister lebten mit ihr in Markkleeberg, während der Vater und ihr ältester Bruder Rudi noch in Gefangenschaft waren.

Lydia und ich waren beide begeistert für alle Musik. Sie konnte ebenso wie ich unheimlich viele Texte von Operetten und gängigen Schlagerliedern auswendig trällern. Als in unserer Dienststelle nach Kriegsende langsam die Arbeit ausging – bis die ganze Verwaltung neu gestaltet wurde – da tippten wir zum Zeitvertreib jeder seitenlang Texte. Natürlich mit Durchschlag, damit wir gegenseitig tauschen konnten. Zum Schluss hatten wir einen dicken Ordner voll. Leider ist diese Mappe, wie so viele Andenken aus dieser Zeit in Leipzig, von mir vernichtet worden. Das musste leider sein, denn wir haben uns ja noch einmal in unserem Leben mit zwei Koffern aufgemacht in eine andere Heimat – Richtung Westen!

Die Freundschaft zu Lydia blieb auch in den Nachkriegsjahren, als ich längst bei Falk arbeitete, bestehen. Ich war in ihrer Familie genauso ein gern gesehener Gast wie sie bei uns.

Eines Tages erfuhren wir, dass in Leipzig wieder eine Tanzschule eröffnet wird. Sie hieß Dr. Ritter und war eine alte angesehene Tanzschule Leipzigs. Das hat mir später meine Sparkassenkollegin Käthel erzählt.

Meine Mutti hatte mir schon immer von ihrer früheren Tanzstundenzeit vorgeschwärmt und davon, was sie mit ihren Schwestern für eine begeisterte Tänzerin gewesen ist, Opa hatte, wie ich anfangs schon erzählte, in Breslau nach dem ersten Weltkrieg so manches Vereinsvergnügen arrangiert. Das muss ein Verein ehemaliger Posner gewesen sein, denn dort haben sich auch meine Eltern kennengelernt. Mutti hat mir auch immer erzählt, wenn die Hildebrandt-Mädels den Saal betraten – dann ging's rund! Alle drei Schwestern – Lotte, Friedel und Mutti waren gute Schützen und holten sich auch die schönsten Preise am Schießstand weg – abgesehen davon, dass sie beim Tanzen große Chancen hatten. In unserem Büffet in Breslau standen reihenweise Porzellanservices und schöne Kristallsachen – die Beweise ihrer Erfolge. Kein Wunder also, dass ich auch gerne tanzen lernen wollte!

Lydia ging sich nun als erste anmelden. Sie erfuhr, dass man 21 Jahre alt sein müsste, um an einem Tanzkurs teilnehmen zu können. Ich war aber erst knapp 18 Jahre alt. Doch meine Lydia-Freundin schaffte es mit ihrem angeborenen Charme, den Herrn Dr. Ritter zu umgarnen und hat für mich gutgesagt. So durfte ich auch in diesen Zirkel eintreten. Die Herren darin waren meist schon Heimkehrer aus der Gefangenschaft und entsprechend zum Teil älter.

Die Jugend damals hatte bestimmt einen unheimlichen Nachholbedarf an unbeschwertem Fröhlichsein. Was hatten sie doch alle hinter sich! Unsere Tanzstunden – auch noch der Fortgeschrittenenzirkel – waren mit ihren vergleichsweise bescheidenen Abschlussbällen ein großes Erlebnis für uns alle. Es störte auch niemanden, dass die wenigsten zum Ball ein langes Kleid hatten. Man trug einfach ein besonderes Sonntagskleidchen – basta. Es wurden allerdings solche schönen Ballzeitungen verfasst, wie ich es später weder bei meinen Kindern noch in unserem Ehepaartanzzirkel in Ulm erlebt habe. Es war irgendwie familiärer früher. Wir lernten sogar noch „Benimm" bei Herrn Dr. Ritter. Zum Beispiel die galante Aufforderung zum Tanz, das Verabschieden der Dame und auch wie man richtig einen fehlenden Stuhl heranträgt.

Über Lydia schrieben sie in der Ballzeitung:

„Ich glaube wohl, von unsern Herrn
ein jeder holt Fräulein Czerner gern!
Wie eine Fee, so leicht und nett
schwebt sie über das Parkett!"

Und das stimmte genau, denn Lydia war ein Fliegengewicht und tanzte herrlich. Über mich stand in der Ballzeitung:

„Fräulein Missal ist auch viel begehrt,
dass sie sich kaum der Herrn erwehrt!"

Na ja, das stimmte wohl auch, denn ich habe in der Tanzstunde mehrere ernstgemeinte Heiratsanträge bekommen. Aber meine Antwort war immer freundlich:" Es tut mir leid, aber ich habe schon einen Freund, der noch in Gefangenschaft ist". Die jungen Männer haben das stets akzeptiert und mich trotzdem weiter zum Tanz geholt.
Ich war nämlich wirklich eine gute Tänzerin – ohne Eigenlob!
Einen Herrn nannten wir ‚den großen Friedrich', Der war so groß, dass man zu ihm hochsehen musste beim Unterhalten. Und ausgerechnet der war der Erste, der mich vom Fleck weg heiraten wollte. Es war Ingenieur. Der nächste Bewerber war ein Möbelfabrikant und der Dritte ein Polizist. Sie waren alle auch erst aus Gefangenschaft heimgekommen und sehnten sich wahrscheinlich nach einer festen Beziehung. Aber das Wichtigste war für mich wohl, dass ich bei den Herren keinerlei Herzklopfen bekommen habe. Das habe ich nur damals bei Hubert erlebt – so überwältigend, bis sein früher Tod allem ein Ende setzte. Als ich einige Monate später meinen

Achim in Breslau kennenlernte, da spürte ich in mir wieder, dass ich mich verliebt hatte.

Ja, und von meinem lieben Achim kamen nun regelmäßig Briefe, die ich immer gleich postwendend beantwortet habe. Die Bauern, bei denen Achim als Gefangener arbeitete, waren mit der Inhaberin der örtlichen Poststelle befreundet. Achim war inzwischen mit den drei Söhnen der Bauersfamilie befreundet und durfte mit ihnen sogar in der tschechischen Fußballmannschaft im Ort mitspielen.

Er hatte sofort spielend tschechisch sprechen gelernt und war im Ort beliebt. Kein Wunder. Achim war, solange ich überhaupt denken kann, immer ein freundlicher Mensch. So kam es, dass die Poststellenleiterin unsere Post unzensiert durchgehen ließ, was beinahe unglaublich ist. Wir beide schrieben uns nun seitenlang in Stenografie. Ich berichtete ganz genau von unserem neuen Leben in Markkleeberg und schickte hin und wieder auch ein Bild von mir mit. Das zeigte Achim dann ganz stolz seinen Bauersleuten und es kam soweit, dass sie mich grüßen ließen. Alle diese Jungmädchenfotos hat er bis zu seinem Tode liebevoll gehütet. Teils über seinen Nachttisch gehangen und teils in seiner Brieftasche getragen.

Achim hat durch meine Bilder in Gefangenschaft immer gewusst, wie ich jetzt aussah, während er mir leider kein neues Foto schicken konnte. Deshalb habe ich ihn bei seiner Heimkehr und bei unserem ersten Wiedersehen nach bald 4 Jahren im Moment nicht gleich erkannt. Doch davon erzähle ich noch später.

Natürlich sind Lydia und ich nach Abschluss der Tanzzirkel auch mit einigen Tanzpartnern tanzen gegangen. Das fing nun alles nach dem Krieg wieder an. Es gab hier und da noch im Außenbezirk einen unversehrten Tanzsaal. So z.B. der „Damhirsch" in Zöbigker bei Markkleeberg, Um dorthin zu gelangen, mussten wir von der Endstation der Straßenbahn in Markkleeberg-West noch ungefähr 3 km zu Fuß laufen. Aber was macht einem das schon aus, wenn man so jung ist? Und wir konnten so gut tanzen, dass man einen Kreis um uns gebildet hat, wenn wir mit unseren Tanzstundenherren eine Sohle aufs Parkett gelegt haben!

Wenn ich an das Schuhwerk denke, in welchem ich getanzt habe, dann wundert es mich heute nicht mehr, dass ich so kaputte Füße habe. Aber damals hat einen die Begeisterung für diesen herrlichen Freizeitspaß an keine Schmerzen denken lassen.

Eines Tages kam auch Lydias Bruder Rudi aus der Gefangenschaft heim. Auch für ihn stellte sich die bange Frage, woher bekomme ich einen Arbeitsplatz? Im Zivilberuf – ehe er eingezogen wurde – war Rudi genau wie seine Schwester bei einer Behörde angestellt gewesen.

Zufällig ergab sich in meinem Büro Falk die Situation, dass der alte Lehrer von Herrn Falk aus dem Bürodienst wieder ausschied.

Ihm war wohl in seinem Alter das Büroleben unter den erschwerten Umständen wie Hunger und Kälte doch zu anstrengend. Natürlich war es naheliegend, gleich an Rudi zu denken als Nachfolger. Gesagt, getan – Rudi bewarb sich bei Herrn Falk und wurde auch als Buchhalter eingestellt. Ich habe mich sehr gefreut, dass es so schnell geklappt hat durch diesen Zufall. Nun hatten wir einen sehr netten jungen Kollegen bekommen, der uns beiden Frauen, der Frau Krenkel und mir, immer treu zur Seite stand. Selbst im Magenknurren waren wir uns gleich! Einigkeit macht stark, da konnte unser 4. Kollege, der unsympathische Dicke, mit seiner Häme nur an uns abprallen.

Mit Rudi Czerner bekam ich nicht nur einen netten Kollegen. Er war immer höflich und charmant – ganz Kavalier. Es dauerte gar nicht lange, da begruben wir das steife Sie und machten dem vertraulichen Du Platz. Außerdem war ich mit den übrigen Czerner-Geschwistern auch längst per Du. Rudi war genau wie ich ein Fische-Geborener. Irgendwie waren wir sehr bald auf einer Wellenlänge, wie man so sagt. Er wurde ein Kumpel, mit dem man Freud und Leid teilen konnte. Natürlich wusste Rudi von mir, dass mein Freund noch in Gefangenschaft weilte. Wir haben uns ja gegenseitig über unser Leben erzählt – wie es in der verlorenen Heimat war und wie wir alle nun in der neuen Umgebung Fuß fassen mussten.

Trotzdem merkte ich bald, dass Rudi sich in mich verliebt hatte.

Und er war mir wirklich auch nicht gleichgültig. Es war eine ganz seltsame Situation entstanden. Auf der einen Seite schrieb ich mir mit meinem Achim regelmäßig Briefe – immer in der Hoffnung, dass er wohl endlich aus Gefangenschaft heimkehren möge. Und andererseits tauchte plötzlich Rudi in meinem Leben auf, der mich ganz schön aus dem Gleichgewicht brachte. Anders, als die Tanzstundenherren vorher, die mich nur als Tänzer interessiert hatten.

Ich fand es auch wirklich schön, so einen ritterlichen Freund zu haben, mit dem ich mittlerweile auch viel Freizeit verbrachte.

Wir gingen im Winter öfter ins Operettentheater, wo wir wirklich wunderschöne Aufführungen zusammen gesehen haben. Und im Sommer packten wir die Badesachen ein und gingen Schwimmen. In den vielen Monaten, ja bald drei Jahren, die wir nun in Beruf und Freizeit täglich zusammen waren, respektierte Rudi meine Treue zu Achim.

Er war eben auch so ein feinfühliger Fisch, der keinem wehtun wollte. Wie ernst er es im Herzen mit mir meinte, das hat er viel später in Achims Gegenwart einmal ehrlich gesagt. Doch davon erzähle ich in einem anderen Kapitel. Nur soviel möchte ich noch hinzufügen: auch als ich nicht mehr bei Falks arbeitete und Achim schon heimgekehrt war, begegnete ich durch meine Freundschaft mit Lydia dem Rudi immer wieder in seiner Familie. Er hatte inzwischen auch eine andere Freundin gefunden.

Erst zu dieser Zeit, als mich Rudi mal nach einem Besuch bei Czerners abends durch das Wäldchen von Markkleeberg-Mitte nach Markkleeberg-Ost heimbegleitete bis vor unsere Haustür, da habe ich Rudi selber angeboten, sich endlich seinen Kuss zum Abschied zu nehmen.

Er tat es gerne und innig, und es war wirklich der erste und einzige Kuss zwischen uns. Er tat mir damals so schrecklich leid, weil ich ja spürte, wie es ihm ums Herz war. Mehr als hin und wieder einen zärtlichen Handkuss hat sich Rudi vorher nie erlaubt.

Der Existenzkampf meiner Eltern

Ganz sicher stimmte der Slogan „Neues Leben blüht aus den Ruinen". Während die Städte noch weitgehend in Trümmern lagen, war es wohl typisch für die Jugend, dass sie jede Gelegenheit wahrnahm zu Freizeitvergnügen und Frohsinn.

Aber wieviel schwerer hatten es meine Eltern! Mein Vater bekam endlich eine Stelle als Hilfsarbeiter vermittelt und zwar im Bibliografischen Institut in Leipzig. Es war eine furchtbar geisttötende Arbeit, wie er uns immer erzählte. Vati beschrieb uns das folgendermaßen: an langen Tischreihen saßen die ehemaligen PGs (Parteigenossen) – vom Professor bis zum Zirkusclown gab es die entnazifizierten Hilfsarbeiter – und mussten dort die neu gedruckten Bücher auf Seitenfehler durchblättern. Vati nannte es eine Strafarbeit – und die sollte es für die Leute ja wohl auch sein.

Aber es war andererseits eine Gemeinschaft von lauter Gleichgestellten, die sich gegenseitig aufrichtete. Vati verdiente dort sage und schreibe nur 90 Mark im Monat.

Ich glaube, es war noch in der ganz kalten Jahreszeit, ehe der Frühling 1947 ins Land zog, als sich Mutti nach Wall auf den Weg machte, um von unseren Verwandten vom Lande ein paar Essenspakete nach Leipzig auf den Weg zu bringen. Sie war aber diesen Aufregungen einer umständlichen Reise nicht mehr gewachsen und wurde dort nach ihrer Ankunft sehr krank. Mutti musste in Neuruppin ins Krankenhaus eingeliefert werden. Sie war ja nur noch ein Strich in der Landschaft, nachdem sie seit der Flucht aus Breslau 60 Pfund abgenommen hatte. Nun bekam sie durch all die Aufregungen Gallebeschwerden.

Erst sollte sie sofort operiert werden, aber aufgrund ihrer fürchterlichen körperlichen Verfassung hat das ein Arzt abgelehnt. Irgendwie bekamen sie diesen Galleanfall dann auch so in den Griff. Es waren bestimmt auch mehr ihre kaputten Nerven, die der Galle zusetzten.

Nach ihrer Entlassung aus dem Krankenhaus hat sich Mutti noch einige Tage in Wall erholt und besagte

Pakete mit Hilfe der Verwandten auf den Weg gebracht. Dann hieß es eines Tages von meinem Vati: „Uschi, du musst rauffahren, die Mutti abholen. Wir können sie auf keinen Fall noch einmal die weite Reise allein machen lassen".

Für Vati war das eine ganz schlimme Angelegenheit, nun auch noch mich mit meinen 18 Lenzen allein auf die Reise zu schicken. Und ich muss sagen, dass ich heute den Mut auch nicht mehr hätte, den ich damals (in Unwissenheit der Dinge, die mich erwarteten) aufgebracht habe.

Dass es damals natürlich auch noch kein Telefon zur schnellen Verständigung in Privathaushalten gab, sei noch erwähnt.

Ich fuhr also in Leipzig vom Hauptbahnhof ab – in einem Zug ohne Fenster. Und es war lausig kalt an diesem Tag. Ich habe allein schon nach Berlin 2 Tage und Nächte gebraucht. Wir haben uns im Abteil oft stehend untergehakt und im Rhythmus getrampelt, um nicht zu erfrieren. Dann endlich die Ankunft am Anhalter Bahnhof in Berlin. Finstere Nacht und Trümmer, soweit das Auge überhaupt beim Aussteigen noch etwas erkennen konnte – das war mein erster Eindruck von Berlin.

Ich war in diesem Moment wirklich total hilflos, denn ich musste irgendwie zum Stettiner Bahnhof gelangen, um von dort nach Wall Kreis Neuruppin/Mark Brandenburg weiterzureisen. Wahrscheinlich auf mein ratloses Umherschauen hat mich ein Eisenbahner angesprochen und nach meinem Weg gefragt. Auf meine Erklärung hin bin ich freundlich aufgefordert worden, mich ihm anzuschließen, da er auch zum Stettiner Bahnhof zum nächsten Dienst laufen müsste. Wie gesagt: es war mitten in der Nacht und es gingen auch keinerlei Verkehrsmittel.

Der Eisenbahner hatte wenigstens eine Laterne in der Hand, damit man den Weg erkennen konnte. So habe ich mit diesem wildfremden Menschen einen wirklich geisterhaften Marsch durch die Trümmer von Berlin gemacht. Ob ich damals Angst hatte, das weiß ich gar nicht mehr so genau. Ich glaube aber, dass sich die Menschen damals viel eher gegenseitig geholfen haben, als dies je in den sogenannten guten Zeiten später üblich war. Wir kamen nach Mitternacht am Stettiner Bahnhof an. Dort hieß es, dass die nächste S-Bahn erst früh um 5 Uhr fahren würde in Richtung Oranienburg.

Unter dem kaputten Bahnhof gab es noch den Luftschutzkeller. Dort führte mich der Eisenbahner hin und wir hockten uns zu den anderen wartenden Gestalten auf die Steine. Wieder waren es wildfremde Menschen, die ihr Brot mit mir teilten, da ich überhaupt nichts mehr bei mir hatte. Wer konnte ahnen, dass ich bis nach Wall zu Mutti 3 Tage unterwegs sein würde! Und wirklich, früh um 5 Uhr ging eine S-Bahn nach Oranienburg. Dort angekommen war ich aber noch längst nicht am Ziel. Nun musste ich viele Kilometer zerstörte Gleise umlaufen bis zu einer Ortschaft, wo dann endlich wieder eine Dampflok mit ein paar Wagen fuhr. Als der Zug in Wall hielt, hörte ich Mutti schon ganz laut am Zug entlang rufen: „Ursel, Ursel!"

Dann endlich konnten wir uns um den Hals fallen. Mutti war schon drei Tage immer zu dem Zug gegangen, um mich abzuholen und nie war ich ausgestiegen. Sie hat wahnsinnige Angst um mich ausgestanden und auch Vati ist in Leipzig schier vergangen vor Angst um seine beiden Frauen. Wir konnten ja damals nicht schnell mal anrufen und Bescheid geben, dass ich eingetroffen war.

Für mich gab es ein Wiedersehen mit meinen Lieben aus Sarbia. Wie arm waren auch sie geworden! Von ihren schönen Wirtschaften geflüchtet hatten sie nun nur diesen kleinen Neubauernhof mit einer Baracke als Wohnung. Aber sie hatten etwas, was wir Städter nicht hatten: satt zu essen. Irgendwann bin ich mit Mutti dann heimwärts gefahren. Vorher brachten wir noch ein paar Lebensmittelpakete nach Leipzig zur Post. Ich weiß noch, wie der Schalterbeamte uns verspottet hat und gefragt hat, ob wir Goldklumpen zu verschicken hätten? Weil wir alles so sorgfältig verschnürt hatten! Nein, er durfte ja kontrollieren – es waren Kartoffeln. Aber für uns waren sie Gold wert.

Die erste eigene Wohnung mit Küche

Irgendwann im Jahr 1947 bekamen meine Eltern eine 2-Zimmer-Wohnung in einem Zweifamilienhaus am Schillerplatz in Markkleeberg-Ost. Zuerst war die Freude natürlich groß, doch auch dort hatten wir mit Schwierigkeiten zu kämpfen. Die Leute, denen das Haus gehörte, waren ganz sonderbare Kauze. Er war ein alter Herr – der Onkel – und hatte seine Nichte geheiratet. Und sie war eine total komische Person – gutmütig, aber ein bisschen sehr doof. Und völlig verrückt nach Männern war die Gute obendrein. Meinen Vater sprang sie an um ihn abzudrücken, wenn er aus dem Dienst kam, dass er fast das Gleichgewicht verlor! Und als später gar mein Achim auftauchte in unserer Wohnung – da war sie ganz aus dem Häuschen. Sie bot an, dass er doch oben bei ihnen übernachten könne. Wir nahmen das ahnungslos an, aber am folgenden Morgen kam Achim ganz empört zu uns runter in die Wohnung und schimpfte: „nie wieder!" Er musste nämlich bei den alten Schmidts im selben

Schlafzimmer schlafen und die komische Urschel hat sich nicht geniert, sich vor Achim auf den Nachttopf zu hocken!

Bei uns war leider jeder Winkel der Wohnung belegt. Das heißt, Achim hätte ja auf der Couch im Wohnzimmer schlafen können. Aber damals waren eben andere Moralvorstellungen als heute. Das hätten meine Eltern nie erlaubt, denn man hätte sie ja der Kuppelei bezichtigen können. In unsere kleine Wohnung hatte nämlich inzwischen Vati seine Mutter aus Wall geholt. Er fühlte sich einfach als Sohn verpflichtet, sich um seine Mutter zu kümmern, die bis dahin in der Familie ihres Bruders lebte. Das bedeutete nun, dass wir vier Erwachsene in der Zweizimmerwohnung waren. Oma war schon immer zart und kränklich – besonders im Winter. Ihr böser chronischer Husten war durch die Flucht auf dem Pferdewagen auch nicht gerade besser geworden. So saß sie den ganzen Winter bei uns immer dicht an den Kachelofen gedrückt und hustete in einer Tour. Das viel Schlimmere aber war, dass wir drei Generationen in einem Schlafzimmer geschlafen haben. Meine Oma, meine Eltern und ich. Zum Glück gingen gerade vier Betten in das Zimmer hinein. Bis ich eines Tages eine meiner berühmten schweren Anginen bekam, die ich in Leipzig jedes Jahr zweimal absolvierte, und unser Arzt ins Haus kommen musste.

Wir waren mit Herrn Dr. Barth inzwischen gut bekannt. Er war auch einer von denen, die besonderes Mitleid mit uns Flüchtlingen hatten. Und mein Vati brauchte sowieso ständig einen Arzt zur Betreuung seiner Verwundung. Ich höre heute noch, wie Dr. Barth zu meinen Eltern sagte: „Nehmen sie bitte um Himmels Willen das junge Mädchen aus ihrem Schlafzimmer heraus und betten Sie sie im Wohnzimmer auf die Couch!" Ich frage mich, warum wir nicht selber auf diese Idee gekommen sind? Wahrscheinlich, weil man wieder eine „gute Stube" haben wollte! Ich war jedenfalls sehr froh über die Lösung, die auch sofort durchgeführt wurde.

Nun war ich durch den Umzug in diese Wohnung aber auch mein geborgtes Klavier wieder los. Das haben wir natürlich nicht mitnehmen können. Wahrscheinlich war meine Laune dadurch ziemlich getrübt, denn eines Tages hat mein lieber Vati etwas Ungeheuerliches fertiggebracht: Er ging stillschweigend auf den berühmten Schwarzmarkt in Leipzig und versetzte die letzte goldene Armbanduhr, die es noch in der Familie gab (Vati selbst hat nur seine Taschenuhr, die ihm eine bayerische Prinzessin im Krankenhaus in München im 1. Weltkrieg geschenkt hat, behalten. Diese Uhr habe ich bis heute in Verwahrung).

Mit dem Erlös der Uhr ging er in ein Musikgeschäft – auch das gab es in Leipzig schon wieder – und mietete mir ein Klavier.

Er musste dafür ein halbes Jahr Miete vorauszahlen, sowie den Hin- und Rücktransport. So gutmütig war mein Vater, wenn er nur sein Töchterchen, wie er mich auch oft nannte, froh machen konnte. Die weiteren Monate Klaviermiete musste ich dann selber bestreiten (28 Mark monatlich). Nun bekam ich wieder Lust, noch weiter Klavierstunden zu nehmen.

Eines Tages, beim Noteneinkauf in einem Leipziger Musikgeschäft, sprach mich ein alter Herr an. Zufällig war Mutti dabei und die reagierte furchtbar geschockt, als der Herr mich fragte, ob ich nicht einmal in seine Wohnung kommen möchte. Er könnte mir die schönsten

Noten antiquarisch anbieten zum Verkauf. Als die Angestellten im Laden den Herrn mit Theater- und Konzertdirektor titulierten, entschuldigte sich Mutti bei ihm wegen ihres abweisenden Benehmens – sie müsse schließlich auf ihre Tochter aufpassen (dabei war die Tochter inzwischen fast 20 Jahre alt)!

Ich bin also eines Tages zu dem Herrn, der uns auch noch artig seine Visitenkarte gegeben hatte, nach Leipzig hinein in seine Wohnung gefahren. Er wohnte in einem alten Grundstück in der Stadtmitte, das von den Bomben verschont geblieben war. Auf mein Klingelzeichen öffnete mir eine ältere Dame die Tür und führte mich in einen Salon, der an den Wänden über und über mit Fotografien von Künstlern ausstaffiert war. Als mir dann der Direktor wirklich herrliche alte Noten für billiges Geld anbot war ich ganz beruhigt. Es hatte alles seine Richtigkeit. Zudem kamen wir ins Gespräch und er bot mir an, mir Klavierstunden zu erteilen.

Das kam mir erst recht entgegen, weil ich mit dem Gedanken gerade selber schon gespielt hatte. Da er im Preis für den Unterricht auch bescheiden war, habe ich begeistert zugesagt.

Auf diese Weise bin ich noch ein ganzes Jahr zu ihm in Stunde gegangen. Allerdings hat der alte Herr die Klavierstunde anders gestaltet als sonst üblich. Er richtete es meist so ein, dass noch ein anderer Schüler anwesend war und so musizierten wir zu zweit oder zu dritt vom Blatt weg. Entweder mit Geige oder Querflöte oder nur vierhändig. Wahrscheinlich hat sich der alte pensionierte Künstler damit ein paar Mark zuverdient und er war gewiss früher kein Klavierlehrer gewesen. Egal, uns jungen Leuten hat es mächtigen Spaß gemacht. Und regelmäßig, jeden Monat, kam eine Postkarte ins Haus geflattert zu mir: „Offerte ... die und die Noten günstig abzugeben". Selbst als ich längst nicht mehr bei ihm in Stunde ging, kamen immer noch seine Notenangebote. Klar, er hatte riesiges Notenmaterial und er verdiente sich damit Geld für den Lebensunterhalt. Ich hörte erst auf, bei Herrn Direktor M. Stunde zu nehmen, als mein Achim aus der Gefangenschaft nachhause kam und wir gemeinsam anfingen für unsere spätere Wohnungseinrichtung jeden Pfennig zurückzulegen. Da habe ich sogar mein Mietklavier freiwillig wieder abgegeben, denn wir mussten wirklich jede Mark vom Munde absparen. Inzwischen hatte ich natürlich einen herrlichen Notenschatz angesammelt – viele Noten, die ich auch in Breslau schon hatte. Aber als wir uns ein paar Jahre später nach dem Westen absetzten verlor ich zum zweiten Mal im Leben meine schönen Noten. Aber diesmal für den Preis der Freiheit – das war ein kleiner Trost. Diese Noten schenkten wir der Tochter eines guten Bekannten von Achim – einer Sybilla.

Ein Seitensprung zum Sport

Noch während meiner Dienstzeit hei Herrn Falk bekam ich von einem Arzt den Rat, ich sollte doch meiner Figur bzw. meinen Bauchmuskeln zuliebe Rudersport betreiben. Unser Lehrmädchen Brunhilde, die inzwischen mit im Büro war, begleitete mich hinaus an den Elsterkanal, wo die Ruderclubs waren. Die Elster fließt als breiter Kanal irgendwo in Leipzig. Auf dem Kanal wurden auch Regatten ausgetragen. Ich muss sagen, dass mir das Zuschauen bei dem Ruderbetrieb so viel Spaß gemacht hat, dass ich mich stehenden Fußes im Verein angemeldet habe. Und schon das nächste Mal konnte ich im Trockenübungsraum im Vierer mit Rollsitzen rudern lernen.

Natürlich hatten wir auch im Übungsraum Wasser unterm Kiel, nur auf den Fluss durfte man anfangs noch nicht. Wir mussten erst einmal lernen, das Ruder gerade einzutauchen und auch gleichmäßig im Rhythmus zu rollen. Als wir dann soweit waren, dass wir keinen „Frosch" mehr fingen (so hieß das, wenn man das Ruder schräg eintauchte und der Kahn zu kippen drohte), durften wir zünftig im Ruderdress im Vierer mit Steuermann auf der Elster unsere Bahnen ziehen.

Dieser Sport hat mir unheimlich Spaß gemacht und wahrscheinlich hat er auch seinen Zweck erfüllt, die Bauchmuskeln zu stärken.

Ich hatte auch nie Angst davor, etwa mal ins Wasser zu fallen, da ich prima schwimmen konnte. Um Leipzig herum waren überhaupt einige kleine Seen. Dorthin bin ich auch mit Rudi gefahren, als Achim noch in Gefangenschaft war. Ich war durchaus in der Lage, weit in den See hinauszuschwimmen. Meine Sportlehrerin in der Margaretenschule, bei der ich damals die Fahrtenprobe gemacht habe, tat meine Schwimmkünste mal mit der Bemerkung: „Fett schwimmt oben" ab. Ist ja wohl egal – nicht wahr? Hauptsache, es schwimmt oben!

Einmal trafen wir auf dem See andere Bekannte, die ein Segelboot hatten. Sie luden uns ein, in die „Puschi-Mummi" mit einzusteigen und das war natürlich ein besonderer Spaß. Und was hatte ich damals für einen Badeanzug? Von Mutti selbstgenäht – sogar ein Zweiteiler! Vati musste ein paar von seinen reinwollenen weißen Stumpfstrümpfen opfern. Auf ein Hosenbeinchen vom Badehöschen habe ich noch kess einen blauen Anker gestickt. Ich muss überhaupt sagen, dass ich dank Mutti auch in den ärmsten Nachkriegszeiten immer hübsch angezogen war – im Gegensatz zu den Kindern 50 Jahre später, die zerrissene Jeans besonders schick finden!

Muttis Nähkünste

Es war ja wirklich so, dass man in den Nachkriegsjahren aus dem Geringsten noch etwas zauberte. Mäntel wurden zum Beispiel aus Wolldecken genäht usw. Einmal lösten sie in der Stadt irgendwo ein Lager von Soldatenbekleidung auf. Es gab sogenannte Fliegerjacken – das waren Jacken, die innen Kaninchenpelz hatten. Meine Mutti muss davon erfahren haben und kam mit zwei Jacken nachhause. Wahrscheinlich pro Kopf für uns eine Jacke. Mutti hatte aber ganz etwas anderes im Sinn. Die eine Jacke war überwiegend mit weißem Fell und die andere gemischt schwarz und weißes Fell. Mit ihren sprichwörtlichen Nähkünsten hat sie mir daraus eine wunderbare schneeweiße Pelzjacke genäht (das Fell war wie gesagt Kaninchen).

Sie hatte solange die schwarzen Fleckchen aus der überwiegend weißen Jacke mit einer Rasierklinge herausgetrennt und dafür weiße Stücken aus der anderen Jacke eingesetzt, bis eine komplett weiße Pelzjacke fertig war. Aus den schwarzen Fellen fertigte Mutti einen großen Muff mit eingearbeiteter Handtasche und zauberte noch eine schicke Pelzkappe. Das alles musste sie mit der Hand nähen – Stich für Stich durch das Leder.

Mit ihren Näharbeiten hat Mutti auch anderen Leuten viel helfen können und ist dafür obendrein bezahlt worden. Noch wichtiger war, dass sie in unserer Nachbarschaft dadurch einiges Ansehen erwarb. Es war für meine Eltern sowieso schwieriger, Kontakte mit den Einheimischen zu knüpfen als für mich. Junge Menschen gingen wohl eher aufeinander zu und es bahnten sich durch Beruf und Freizeitgestaltung eher neue Bekanntschaften an. Im Laufe der Zeit nahmen überhaupt die Vorurteile den Flüchtlingen gegenüber ab und man arrangierte sich mit ihnen. Keiner von uns allen konnte für den derzeitigen Zustand, in den uns das Kriegsende versetzt hatte.

Achims Heimkehr

Nun neigte sich schon das Jahr 1948 seinem Ende zu und ich hatte kaum noch Hoffnung, dass Achim in diesem Jahr nachhause kommen würde. Einmal war auch seine Schwester Uschi bei mir in Leipzig gewesen und sie erzählte, wie man auch in Roßwein bei ihnen zuhause auf den Heimkehrer wartete. Es war ja in diesem Jahr 1948 auch so vieles geschehen in Achims Familie. Doch davon erzähle ich etwas später.

Doch eines Tages klopfte es plötzlich an die Scheiben unseres Büros. Mein Schreibmaschinentisch stand mit dem von Frau Krenkel direkt unterm Fenster. Als ich hinausschaute, stand Mutti vor dem Haus und wedelte aufgeregt mit einer Postkarte in der Luft.

Und dann die schöne Nachricht: „Ursel, der Achim wird heute in Leipzig entlassen!"

Es war nicht zu fassen! Wir hatten 14 Tage vor Weihnachten! Und das Datum der Heimkehr stand einwandfrei leserlich da – noch dazu in einer Kaserne in Leipzig. Soll es wirklich soviel Fügung geben? Ich war überglücklich und ich dankte Mutti, dass sie den weiten Weg von Markkleeberg-Ost nach Markkleeberg-Mitte gelaufen war in der Kälte, um mir die freudige Nachricht zu überbringen. Wenn ich die Karte nämlich erst am Abend zu lesen bekommen hätte, nach Feierabend, dann wäre alles zu spät gewesen und ich hätte Achim nicht mehr erreicht.

Der glückliche Heimkehrer

Meine liebe Kollegin Frau Krenkel, die mir gegenüber saß und meine ganze Lebensgeschichte vom Erzählen kannte, freute sich riesig mit mir. Wie mag da Rudi in diesem Moment zumute gewesen sein? Ich weiß heute nicht mehr, wie er sich geäußert hat. Ich war ja auch plötzlich in so eine Hochstimmung versetzt worden – nach 3½ Jahren endlich das ersehnte Wiedersehen!

Aber nun tat Frau Krenkel etwas, worüber wir selbst Jahrzehnte später, als wir wenigstens noch brieflichen Kontakt miteinander hatten, lachen mussten. Es war einfach tragikomisch!! Sie beugte sich damals unter unsere Tische zu mir herunter und fragte:" Ursel, was für Schuhe hast du denn heute an?" Und das fragte sie in echter Besorgnis! Als sie erkannte, dass ich meine Halbschuhe an den Füßen hatte und nicht meine Großmutterstiefel, da meinte sie erleichtert: „Gott sei Dank, die Halbschuhe! Sonst würde doch dein Achim bei dem Anblick auf den Rücken fallen!"

Zur Erklärung muss ich erzählen, was es damit für eine Bewandtnis hatte. Ich besaß damals 3 Paar Schuhe. Die waren alle aus einer Schuhtauschzentrale. Es waren also alles gebrauchte, getragene Modelle! Und was für welche! Die Halbschuhe, die ich an dem be-

Der glückliche Heimkehrer

wussten Tage der Heimkehr anhatte, das waren Slipper – schwarz – und hatten eine gebrochene Brandsohle. Bei jedem Schritt kniff es mich beinahe in die Fußsohle. Aber rein äußerlich sah man es den alten Galoschen wenigstens nicht an, wie schwierig ich darin laufen konnte. Mein zweites Paar Schuhe, das waren Schnürpumps mit einem Absatz von mindestens 6 cm. Der Absatz war aber von der Vorgängerin schon schief getreten worden. Damit ich überhaupt damit noch tanzen konnte, hat mir eine gütige Schuhmacherseele hinter beide Absitze Stützen aus Metall geschraubt, schräg vom Absatz zur Sohle hin. Kann man sich heute überhaupt so etwas vorstellen? Mit diesen Exemplaren bin ich die ganzen Jahre tanzen gegangen. Und spitz waren die Dinger obendrein – lieber Himmel!

Kein Wunder, dass ich heute als Großmutter solche kaputten Füße und Kniegelenke habe. Das dritte Paar, um welches Suse Krenkel Angst hatte, dass ich es gerade anhaben könnte, das waren richtige hohe Schnürschuhe für den Winter. Aber absolut „Marke Jahrhundertwende" – so wie es wahrscheinlich meine Großmütter getragen haben. Nebenbei bemerkt sehe ich heute diese abscheulichen Dinger seit einiger Zeit wieder als neuesten Schrei für junge Mädchen angeboten. Na ja, alles Geschmacksache ... Übrigens hatte ich auf unserer Flucht aus Breslau damals nur Soldatenstiefel von Onkel Hugo an, damit ich ja warm steckte!

Doch nun erzähle ich weiter von dem großen Ereignis, auf das ich solange gewartet habe. Als erstes bat ich Herrn Falk, mich vorzeitig aus dem Büro gehen zu lassen. Das hat er natürlich erlaubt. Es war sowieso schon später Nachmittag und es fing an zu dunkeln als ich mich in Markkleeberg in die Straßenbahn setzte und zu der Kaserne fuhr. Im Büro hatten sie mir den Weg dorthin beschrieben. Die ganze Zeit über hatte ich die Angst im Nacken, ich könnte Achim schon verpasst haben.

Dann endlich stand ich vor der Kaserne zwischen den anderen Frauen, die alle ihre Männer erwarteten. Ich weiß noch genau, dass ich außer den besagten Halbschuhen einen dicken braunen Faltenrock trug und meine weiße Pelzjacke mit dem schwarzen Pelzmützchen und dem Muff. Es kamen laufend Soldaten aus dem großen Kasernentor. Endlich konnte ich die Ungewissheit nicht mehr aushalten und fragte einen der Soldaten, ob er zufällig einen Kameraden Kodantke kennen würde. Ich hatte tatsächlich wieder Glück! Er war gleich hilfsbereit und rief noch ein paar anderen Männern zu: „Habt ihr den Kodantke gesehen?" Und da kam die erlösende Antwort: „Ja, der ist noch hinten und bekommt seine Entlasspapiere!"

Inzwischen war es ganz dunkel geworden. Alle Soldaten, die nun aus dem Kasernenblock zum Tor gelaufen kamen, habe ich möglichst unauffällig gemustert. Ich wusste doch nur, wie mein Achim mit 17 Jahren ausgesehen hatte! Und wie verändert sich gerade ein Jugendlicher zwischen 17 und 21 Jahren – zumal wenn er solche schweren Jahre durchstehen musste wie die Jungen damals!

Auf einmal stürmte jemand an mir vorbei und ich dachte – das war er wohl? Im gleichen Augenblick, als ich mich mit einem Ruck umdrehte, drehte sich auch Achim um und wir haben wirklich beide zugleich gerufen „Achim? Ursula?" Er war's tatsächlich! Wir konnten uns endlich wieder umarmen! Nach dem ersten Freudenausbruch wussten wir natürlich kaum, wo anfangen und wo aufhören mit Fragen und Erzählen. Nun spürten wir auch beide, dass 4 Jahre eine sehr lange Zeit waren, in der wir getrennt gewesen sind.

Wir hatten uns beide äußerlich verändert und wir mussten uns auf dem Weg nachhause immerzu anschauen. Aus meinem blonden Jungen war in den Jahren ein erwachsener Mann geworden. In den vielen, vielen Briefen, die zwischen uns hin und her gegangen sind, da waren wir uns so nah wie in Breslau. Als wir uns nun wieder persönlich gegenüber standen tauchte eine gewisse Verlegenheit auf. Aber die dauerte nicht allzu lange. Wir überspielten das mit unserer Plauderei.

Zu meiner Enttäuschung wollte Achim nicht erst zu uns nachhause, sondern noch in der gleichen Nacht nach Roßwein weiterfahren.

So begleitete ich ihn zum Hauptbahnhof und in den wenigen Stunden, die uns bis zur Abfahrt des Zuges blieben, kamen schon langsam die alten Vertrautheiten auf. War es unser Schicksal oder war es ein Wunder? Bestimmt alles Beides! Noch einmal sprang der Funke schon an diesem ersten Abend des Wiedersehens über und wir verliebten uns aufs Neue ineinander. Ich musste Achim hoch und heilig versprechen, Weihnachten nach Roßwein zu kommen, weil er natürlich das erste Mal nach seiner langen Gefangenschaft das Fest bei seiner Familie verleben wollte.

Besonders tragisch war, dass Achims Mama am 14. Juni 1948, also ein halbes Jahr bevor ihr Junge heimkam, verstorben war. Sein Papa, Schwester Uschi, die Zwillingstanten und die Oma sowie noch sein Onkel Kurt mit Familie – alle lebten in Roßwein. Ich hatte also trotz meiner ersten Enttäuschung dafür Verständnis, dass es

Achim sehr zu seinen Angehörigen zog – heim in eine neue Heimat, die er noch gar nicht einmal kannte! Aber die Familie lebte dort und das zählte damals.

Für mich war es nun gar nicht so einfach, meine Eltern davon zu überzeugen, dass ich Weihnachten zu Achim fahren wollte. Sie wollten sich mit dem Gedanken, Weihnachten ohne mich zu verbringen, einfach nicht anfreunden. Wir waren bis dahin halt jedes Weihnachtsfest zusammen gewesen – da sind meine Eltern schon ein bisschen verwöhnt worden von ihrer Tochter, die immer nur zuhause gehockt ist bei ihnen an so einem Fest. Kein Wunder – Achim war jahrelang unerreichbar weit weg! Zum guten Schluss konnte ich meine Eltern überzeugen, dass ich dieses Mal bei Achim feiern musste. So willigten sie endlich ein (kleine Randbemerkung- ich war 20 Jahre alt!) Aber so war das eben damals.

An meine erste Reise nach Roßwein werde ich auch immer denken.

In Leipzig kam ich schon mal gar nicht in den Zug hinein. Der war schon total überfüllt als ich auf den Bahnsteig kam. An ein normales Einsteigen war überhaupt nicht mehr zu denken. Auf mein inständiges Flehen hin haben mich ein paar Männer dann zu einem Fenster hineingezogen. Das war mir alles egal – Hauptsache, ich konnte endlich zu Achim fahren.

Diese Freude, als ich ihn in Roßwein am Bahnhof stehen sah! Das sind Momente, die man nie im Leben vergisst. Nachdem ich den Rest der Familie von meinem Achim kennengelernt hatte haben wir ein glückliches Weihnachtsfest zusammen gefeiert. Wenn das meine lieben fürsorglichen Eltern gewusst hätten, dass wir nicht nur glückliche Tage sondern ebensolche Nächte verbrachten, dann wären sie wohl total geschockt gewesen. Uns war jede Stunde kostbar, die wir zusammen sein durften. In Achims Familie war ich sowieso willkommen, denn sie freuten sich, dass er so ein treues Mädchen hatte und dass sie auch noch aus der alten Heimat Breslau war.

Achims Schwester Uschi hatte im September 1948 einen strammen Jungen zur Welt gebracht. Detlef war das uneheliche Kind eines italienischen Gastarbeiters. Uschi war damals im 18. Lebensjahr und der Vater von Detlef – er hieß Pipo – war ihre große Liebe.

Als er aber erfuhr, dass Uschi ein Kind erwartet, da hat sich der Herr samt seiner Familie aus dem Staub gemacht. Detlef sollte erst getauft werden, wenn Achim aus der Gefangenschaft zurückgekehrt ist, denn er sollte mit mir zusammen Taufpate sein.

Achims Papa hatte zu dieser Zeit in Roßwein schon irgendeinen Posten im Rathaus und konnte seinem Sohn wenigstens schnell zu einem Bezugsschein für einen Anzug verhelfen. Achim hatte nur seine Soldatensachen und den Mantel dazu – das war alles. Ich muss immer wieder feststellen, wie arm wir doch alle in diesen Nachkriegsjahren gewesen sind. Aber für uns Junge fing das Leben ja eigentlich nun erst richtig an. Was braucht man mehr, um glücklich zu sein, als einen Menschen, den man liebt? Alles andere war da zunächst so nebensächlich.

1949 die Sparkasse hat uns wieder

Achim und ich einigten uns nun darüber, uns abwechselnd 14-tägig übers Wochenende zu besuchen. Einmal bin ich nach Roßwein gefahren und einmal kam Achim nach Leipzig. An diesen Wochenenden sind wir dann meist zu einer großen Tanzveranstaltung gegangen. In Roßwein gingen wir zum Dorfgasthof nach Etzdorf (wo sich im Ballsaal die Spiegelkugel drehte) und in Leipzig spielte damals original das Tanzorchester Kurt Henkels im Felsenkeller zum Tanz. Die Zeit zwischen den Wiedersehen gab es – wie gehabt – nur Briefe. Noch einmal hat Achims Vater seine Beziehungen spielen lassen und für seinen Jungen in der Sparkasse Döbeln/Zweigstelle Roßwein eine Anstellung besorgt. Das war für Achim sehr gut und wir waren auch froh und dankbar darüber. Damit hatten sich dann auch leider die Aktivitäten seines Vaters für ihn erschöpft. Er hat dann mit seinem eigenen Leben zu tun gehabt und vielleicht meinte der Vater auch, dass wir alt genug gewesen sind, um uns allein wieder weiter zu helfen.

Nun war Achim also bei einer Sparkasse angestellt – und als ob es so sein sollte, suchte plötzlich die

In der Sparkasse Markkleeberg-Ost

Sparkasse Leipzig für ihre Zweigstelle Markkleeberg-Ost auch eine Angestellte. Als Mutti davon erfuhr kam sie wieder zu mir ins Büro Falk gestürmt um mir die Neuigkeit zu berichten. Sie hatte zufällig den Aushang gelesen in der Kasse. Eigentlich sollte die Stelle zum 1.1.1949 besetzt werden. Gab es wirklich so viele Zufälle im Leben?

Aber so Knall auf Fall konnte mich Herr Falk natürlich nicht gehen lassen. Ein Zeitraum von 4 Wochen, auf den er pochte, der war als Kündigungszeitraum schon kurz genug. In der Sparkasse kam es zum Glück der Frau Ziegert (der Käthel) nicht darauf an, noch 4 Wochen länger zu arbeiten. Sie blieb, bis ich zum 1.2.1949 den Dienst antreten konnte.

Für mich war nun ein großer Wunschtraum in Erfüllung gegangen: einmal wieder in einer Sparkasse zu arbeiten! Ich hatte diesen Beruf so sehr gerne ausgeübt in Breslau. Da war ich zwar erst ein Lehrling, aber die Umstände vor unserer Vertreibung waren ja so, dass ich als volle Kraft eingesetzt werden musste. Und das habe ich auch prima geschafft. Zum Glück hatte Vati wenigstens mein Arbeitsbuch mit auf die Flucht genommen, in dem der erste Eintrag von der Sparkasse Breslau stand. Und wenn ich jetzt auch keinerlei Zeugnisse mehr besaß, so konnte ich doch mit dem Arbeitsbuch beweisen wo ich gelernt hatte.

Für mich begann nun mit dem Stellungswechsel wieder ein neuer Lebensabschnitt. Wieviel Gemeinsames spielte sich doch in Achims und meinem Leben ab! Im Jahr 1945 lernten wir uns beide kennen und arbeiteten zusammen in einer Sparkasse. Und nun, nach seiner Heimkehr, fingen wir zur gleichen Zeit im Jahr 1949 wieder in einer Sparkasse an zu arbeiten.

Ich lernte wieder sehr nette Kollegen kennen. Trotzdem riss die Verbindung zu meinen Czerners und Frau Krenkel durchaus nicht ab.

Zu Frau Krenkel bin ich immer wieder mit Beuteln voll Gemüse aus unserem Gärtchen gelaufen. Damit haben wir ihr und ihrer Schwester Anni – einer Klavierlehrerin- in der Hungersnot helfen können. Und zu Czerners ging ich hin und wieder zu Besuch – wenn auch etwas seltener als früher, Lydia hatte nämlich inzwischen auch einen festen Freund. Berti war ein sehr netter Kerl – ein Lehrer – den Lydia dann so um 1950 herum heiratete. Ich verbrachte einmal mit Lydia und Berti – ehe mein Achim heimkam – eine ganze Silvesternacht bei Czerners zuhause. Rudi war an diesem Abend mit seiner neuen Freundin Ruth zusammen. Als es früh hell wurde, bin ich ganz allein heimwärts nach Markkleeberg-Ost gewandert. Meine Gedanken waren ganz wehmütig: ob wohl dieses Jahr 1948 mein Achim endlich heimkehren würde? Und Achim kam wirklich – aber ich musste noch ein ganzes langes Jahr warten, fast bis Weihnachten!

Meine neue Dienststelle in Markkleeberg-Ost war eine 5-Mann-Stelle.

Der Chef, drei Angestellte für Buchhaltung und Kasse und ein Lehrling. Nun brauchte ich nur noch schräg über die Straße zu laufen bis in meine Kasse. Nie mehr voller Angst im Nacken durch den Wald laufen – und wie oft im Dunkeln. Wir waren in unserer Zweigstelle ein ganz tolles Team – so würde man wohl heute sagen. Unser Chef, Herr Wolf, war ein ganz besonders ehrgeiziger Mensch. Sein Beruf war wohl mehr sein Hobby, denn er besaß eine große Gärtnerei im Ort, die seine Angehörigen bewirtschafteten.

Aber Herr W. hatte auch Glück, dass wir alle so tüchtig spurten wie er es selber tat und auch von uns verlangte. Wir arbeiteten zum Beispiel am 31. Dezember, also Silvester, stets solange, bis Herr W. mit dem fertigen Jahresabschluss in die Hauptstelle nach Leipzig fahren konnte. Da schaute keiner von uns vorher auf die Uhr. Wir wollten immer die Ersten sein – und wir waren es auch.

In der Hauptstelle wurde natürlich auch bis in die Nacht gearbeitet. Aber unsere Nebenstelle Markkleeberg-Ost war bekannt, dass sie immer als erste ihren Jahresabschluss ablieferte.

Nach der Währungsreform hieß unser Geld DM-Ost. Und im Westen hieß das Geld DM-West (Genaueres über die Währungsreform 1948 kann man im Lexikon nachlesen).

In Roßwein lernte inzwischen Achims Schwester Uschi ihren Heinz, einen Sachsen, kennen. Er wohnte im Nachbarort. Wenn ich nun nach Roßwein zu Besuch kam, gingen wir zwei Paare zusammen tanzen.

Wir waren ein glückliches, übermütiges Quartett. Heinz war äußerlich das genaue Gegenteil von meinem Achim – ein bildhübscher schwarzhaariger Bursche. Was waren wir stolz auf unsere hübschen Freunde! Heinz konnte auch immer nur zum Wochenende nachhause kommen, denn er arbeitete zu dieser Zeit im Uranbergwerk in Aue.

Er pflegte als Elektriker unter Tage die E-Loks beim Uranabbau. Durch seine Tätigkeit, die als besonders schwer eingestuft war, bekam er Sondervergütungen in Form von Bezugsscheinen für Lebensmittel und Textilien (heute würde man sagen, seine Arbeit galt als gesundheitsschädigend).

Damals staunten wir, was er der Uschi für schöne Wäsche schenken konnte und was für gutes Schuhwerk, das es auf die Scheine gab.

Aber der gute Heinz und auch wir konnten damals noch nicht ahnen, dass er dort im Uranbergwerk seine Gesundheit gelassen hat.

Das Heiratsversprechen im Kartoffelacker

Als es Herbst wurde im Jahr 1949 und im Garten die Kartoffeln geerntet werden mussten kam einer der Tage, die ich unvergesslich im Gedächtnis behalten habe.

Achim war gerade wieder ein Wochenende bei uns. Wir halfen beide im Garten die Kartoffeln auszubuddeln. Da richtete sich mein Vati plötzlich auf und fragte so ganz beiläufig: „Nun sagen Sie einmal, Achim, wie haben Sie sich das denn mit meiner Tochter gedacht?"

Und genauso prompt und ohne Umschweife kam von Achim die Antwort: „Nun, ich will die Ursula heiraten, Herr Missal!"

Was für ein Dialog – in Arbeitskleidung und mitten bei der Gartenarbeit!

Unser Grabeland

Es war wirklich einmalig! Aber Vati war mit seiner Überlegung über das Schicksal seiner einzigen Tochter noch nicht zuende.

Und so ging diese wichtige Unterhaltung mitten im Kartoffelacker weiter. „Nun gut", sagte Vati, Sie können die Ursel heiraten – aber unter einer Bedingung: Ihr könnt Euch verloben, aber mit dem Heiraten müsst Ihr mindestens 3 Jahre warten". Wir waren zu dieser Zeit 21 Jahre alt – das muss man sich einmal vorstellen. Aber Vati hat es wirklich nur in Sorge um unsere Zukunft und nur gut gemeint. Er begründete seine Bedenken auch gleich noch. Er sagte zu Achim: „Sehen Sie, Achim, Sie sind gerade aus Gefangenschaft zurückgekommen und haben angefangen zu arbeiten. Sie haben noch nichts und ich kann meiner Tochter nicht das Geringste mitgeben in die Ehe. Sie wissen, wie arm wir sind! Und so einen Anfang möchte ich euch nicht wünschen und zumuten."

So sprach Vati eigentlich nur aus, wie unsere Situation tatsächlich war.

Zuerst habe ich ganz schön wütend reagiert und habe geschimpft, dass nun eigentlich nur noch die 3 Fragen an den Bewerber wie beim König und seiner Tochter Prinzessin fehlten! Aber schließlich sahen wir ein, dass Vati im Moment mit seinen Argumenten Recht hatte. Wir waren auch letztendlich froh, dass uns meine Eltern nicht ernsthaft Steine in den Weg legten, sondern nur um Aufschub in unserem Interesse baten.

Verloben wollten wir uns aber so schnell es irgend ging. Dafür haben wir dann den 15. Oktober 1949 vorgesehen. Goldene Ringe gab es zu der Zeit natürlich auch noch nicht (jedenfalls nicht für unseren Geldbeutel). So taten es auch die silbernen Ringe, die wir uns an den

Finger steckten. Mutti nähte mir ein schönes dunkelblaues Wollkleid für den großen Tag. Von meinem Achim bekam ich außer dem Ring noch ein Silberkettchen mit einem Aquamarin-Anhänger geschenkt. Zu unserer Verlobung kam auch Frau Krenkel und mit noch ein paar lieben Menschen haben wir glücklich gefeiert. Für uns beide bedeutete die Verlobung das Versprechen, fortan endlich zusammen zu gehören. Immerhin waren seit unserem ersten Kennenlernen bis zu diesem Tag schon 5½ Jahre vergangen. Das Wort Treue bedeutete uns beiden viel. Bis zu unserer Hochzeit mussten dann noch 2½ Jahre vergehen – eine lange Zeit, wenn man sie vor sich hat!

Das Jahr 1950 – und wieder ein Wohnungswechsel

Inzwischen hatten sich auch Heinz und Uschi in Roßwein verlobt. Uschi arbeitete in Roßwein in einer Zigarettenfabrik. Mein Schwiegervater, von Beruf Schriftsetzer, war damals im Rathaus beschäftigt, wie ich schon mal erwähnte. Er hatte sich mit der damaligen Regierung angefreundet – bzw. mit dem kommunistischen System – und wem der Parteihut gut stand, der kam auch in die Ämter (im Gegensatz zu meinem Vater, der immer noch Hilfsarbeiter war).

Es muss auch ungefähr im Jahre 1950 gewesen sein, als Achims Vater noch einmal geheiratet hat. Und zwar die Kriegerwitwe Hilma Z., die zwei Jungen in die Ehe mitbrachte. Ich weiß bis heute nicht, ob das eine Liebesheirat oder eine Zweckehe war.

Es gab schließlich Uschis kleinen Sohn Detlef, der aufgezogen werden musste. Da Uschi Geld verdienen musste, fehlte zuhause eine Frau für das Kleinkind. Hilma war eine seelensgute Frau und hatte nun eine schwere Aufgabe übernommen. Ihr Haushalt umfasste plötzlich sieben Personen und mit mir waren es manches Wochenende acht Leute, für die sie ein Essen auf den Tisch bringen musste. Zu dieser Zeit grenzte so etwas an Zauberei (da waren um den Tisch Hilma, ihre Söhne

Jung und verliebt

Wolfgang und Hans, Achim, der Papa, Uschi und Detlef). Man war aber auch in den Ansprüchen ganz bescheiden geworden und zufrieden, wenn man von einem Teller Gemüsesuppe für eine Weile wieder satt geworden war.

Wenn Heinz und Uschi nach Leipzig zu uns kamen und wir zusammen ausgingen, dann leisteten wir uns auch nur zu zweit eine HO-Bockwurst, weil die nämlich 2 Ostmark kostete.

Irgendwann zu dieser Zeit hin ich mit Achim nach Markkleeberg-Mitte spaziert und habe meinen Verlobten endlich einmal bei Czerners vorstellen wollen. Alle waren zuhause – auch Rudi. Es war schon komisch für mich, die beiden Männer miteinander bekanntzumachen.

Czerners besaßen auch ein Klavier – ein sogenanntes Tafelklavier. Das ist flach wie ein Flügel im Aufbau, aber rechteckig wie eine Tafel. Ich bin nach der Begrüßung natürlich auch an diesem Tag – wie es sonst auch üblich war – ans Instrument gegangen, um irgendetwas zu spielen. Es gab bestimmte Stücke, die Czerners gerne von mir hörten. Und Noten brauchte ich zu der Zeit nicht - die hatte ich im Kopf. Vielleicht wollte ich an diesem Tag auch gleich einmal die erste Verlegenheit überspielen – im wahrsten Sinne des Wortes!

Aber es nutzte wohl nichts, denn Rudi unterbrach doch tatsächlich völlig ernst meinen Vortrag und dann sagte er zu mir gewandt:

„Also Ursel, du kannst es dir immer noch überlegen, den Achim oder mich zu nehmen!" Nie werde ich diese Worte und diesen Augenblick vergessen!

Es herrschte plötzlich betretenes Schweigen und es war eine peinliche Situation für uns alle entstanden. Lydia und ihr Berti waren ja auch anwesend. Ich habe nie vergessen, wie Rudi für mich gefühlt hat in all den Jahren. Und ich habe ihn auch sehr gern gehabt, mehr als ich es mir selbst eingestehen wollte. Ich wollte ihm nun auf keinen Fall wehtun. Er hatte immer respektiert, dass mein Freund in Gefangenschaft war. Das war für Rudi gewiss nicht leicht und vielleicht hoffte er insgeheim noch auf einen Sinneswandel von mir, wenn erst mein Freund wieder da sein würde. Nun war der Tag X gekommen und ich musste mich äußern – so oder so! Aber meine Entscheidung war gefallen und ich bat Rudi ganz herzlich, dies zu verstehen.

Wir verabschiedeten uns an diesem Sonntagvormittag bald von Lydia, Berti und Rudi in der ehrlichen Hoffnung, in Freundschaft miteinander verbunden zu bleiben. So haben wir es auch wirklich gehalten. Leider habe ich die Familie C. aus den Augen verloren, als wir uns nach dem Westen absetzten. Ob Rudi geheiratet hat? Es ist anzunehmen. Er war so ein feiner Mensch und hätte es damals nicht schon meinen Achim gegeben – wer weiß?

Wie vorhin schon angedeutet, stand meinen Eltern und mir noch einmal ein Umzug ins Haus. Diesmal zogen wir in eine kleine 2-Zimmer-Wohnung in einem Mehrfamilienhaus in der Bornaischen Straße. Das war dann unsere letzte Adresse in Markkleeberg-Ost. Das Leben in der vorigen Wohnung bei den Schmidts am Schillerplatz war ziemlich unerträglich geworden. Im Laufe der Jahre zeigte sich, warum wir überhaupt damals in diese leerstehende Wohnung hineinkamen als Flüchtlinge. Unter dem Schlafzimmerboden wucherte ein riesiger Schwamm und verursachte bei uns gesundheitliche Schäden. Im Sommer aber, da kamen die fliegenden Ameisen in die Wohnung. Es war ein unbeschreiblicher Graus! Ehe man sich's versah, hatten die Ameisen einen Haufen Sand mit in die Küche gebracht und ihre rote Brut dort hineingelegt. Ein anderes Mal haben sie sich hinter den Scheuerleisten im Schlafzimmer eingenistet. Wir mussten die Möbel von der Wand rücken und eine fürchterliche Aktion starten um die Viecher loszuwerden. In dieser Wohnung war – wie schon erwähnt – auch noch meine Oma aus Sarbia.

Als wir aber in die Bornaische Straße zogen, musste mein Vater einen schweren Gang tun. Ich weiß, dass er darunter furchtbar gelitten hat. Er musste seine Mutter ins Altersheim in Markkleeberg bringen, weil wir wirklich keinen Platz mehr hatten. Das Schlafzimmer war winzig und wir konnten gerade mal unsere drei Betten und den Schrank darin aufstellen. Auch das Wohnzimmer war ein schmales Handtuch, wie man so sagt. Aber wir hatten ja wenig Möbel – alle zusammengewürfelt in den Jahren nach unserer Flucht. Es gab dann noch eine Küche und ein WC – aber kein Bad. Die Wohnung war auch wieder Parterre, wie alle unsere Behausungen nach der Flucht aus Breslau. Im Nebenhaus wohnte sogar meine alte Kollegin Käthel, die inzwischen auch wieder bei uns in der Kasse arbeitete. Sie war seit einiger Zeit von ihrem Mann geschieden und ging deshalb wieder arbeiten.

Erinnerungen an „Freud und Leid" in der Sparkasse

Als Dritte war zu uns jetzt noch die Ilse gekommen. Einen Lehrling hatten wir nur zeitweise. Einmal war es ein ganz besonders netter Bursche – er hieß Albrecht und wir nannten ihn Abi. Unsere alte Käthel (sie war damals halt 17 Jahre älter als Ilse und ich) war ein besonders fideles Haus. Und sie war so musikalisch wie ich. Sie spielte Klavier und sang für ihr Leben gern. Aber eines Tages hat sie doch tatsächlich ihr Klavier für 2 Zentner Kartoffeln an einen Bauern verscherbelt! Sie brauchte für sich und ihre „Muttel" was zum Essen. So groß war damals die Not noch immer in Bezug auf Lebensmittel! Später hat sie es bitter bereut, ihr Klavier hergegeben zu haben – und der Bauer wird sich schön ins Fäustchen gelacht haben.

Ich bin immer mit einer Thermoskanne Kamillentee zum Dienst gekommen Wenn ich mir mein Becherchen Tee eingoss, dann rief Herr Wolf: „Missal, es riecht ja schon wieder nach ‚Augen austitschen'" (weil man bekanntlich für Augenbäder Kamillentee benutzte).

Aber das sollte natürlich von ihm nur spaßig gemeint sein. Wir ergänzten uns nämlich arbeitsmäßig ganz prima in unserer Zweigstelle. Es hat auch gar nicht lange gedauert, da hat mir Herr W. die Führung der Kasse anvertraut. Da war ich in meinem Element und habe das wahnsinnig gerne getan! Geld einnehmen – das habe ich doch schon immer als Kind so gerne gespielt. Mit großen Kontobüchern habe ich immer „Mieteinnahmen" gebucht und kassiert. Das Bügelbrett von Mutti war damals mein Tresen.

Nun konnte ich echt hinter einem Tresen stehen und Geld zählen.

Herr Wolf richtete ein Konto „Freud und Leid" ein. Auf dieses Konto zahlten wir vier Kollegen jeden Monat 1% unseres Gehaltes ein. Der Kassierer bekam zwar zum Gehalt sein Zählgeld pro Monat, falls ein geringfügiges Manko auszugleichen wäre. Wenn er keine Differenzen in der Kasse machte, dann gehörte ihm natürlich am Monatsende das Zählgeld. Einmal hatte ich ein Kassenmanko von 50 Mark. Ich merkte es zwar gleich, als der Kunde zur Tür hinaus war und wir machten auch sofort Kassenschnitt zum Beweis. Aber ich bekam das Geld von den Leuten nicht – ohne Pardon! Sie waren im Recht – ich hätte aufpassen müssen. Da beschlossen meine lieben Kollegen, mir vom Konto „Freud und Leid" zu helfen und die 50 Mark umzubuchen. Sonst hätte ich selber drauflegen müssen – und das – bei 220 Mark Gehalt – wäre bitter gewesen …

Eines Tages wurde Herr Wolf zum ersten Mal Vater. Er bekam ein Töchterchen. Unser Chef kriegte sich kaum ein vor lauter Freude und Stolz! An dem Tag mussten wir immer wieder mit ihm anstoßen – mit einem Likör. Diese Wirkung in unsere leeren Mägen … Nach Schalterschluss gingen wir gleich gar nicht heim. Die Ilse, die Käthel, der Gerhard und ich – wir hatten so nach und nach ein schönes Räuschlein beieinander. Ich glaube, dass ich überhaupt das erste und einzige Mal in meinem Leben richtig blau war.

Wir feierten unentwegt mit noch zwei Drogisten aus unserem Nebenhaus (Freunde von Herrn Wolf) die Geburt der Kleinen. Verschiedenes ist mir aber in bleibender Erinnerung – unvergesslich! Es ist für mich heute zum Piepen, wenn ich daran denke. Zum Beispiel hat mich irgendwann am Abend mein angeheiterter Chef (der während der Dienstzeit lausig streng sein konnte) auf den Schoß genommen und mir erklärt: „Missal, Du bist halt doch mein bestes Pferd im Stalle!" Na, dann Prost! Und unsere Käthel war so übermütig!

Wir haben schlichtweg herumgealbert und zwischendurch von dem Likörfusel abwechselnd über dem Ausguss gehangen! Wir hatten doch nichts im Magen seit Mittag. Immerhin sorgte Herr Wolf noch dafür, dass mich einer der Herren Drogisten nachhause brachte.

Der lieferte mich auch mit einigen Schwierigkeiten endlich ab.

Ich weiß komischerweise genau, dass ich die ganze Zeit auf dem Nachhauseweg einen Lachkrampf hatte und nur immer zu ihm sagte: „Dort vorne, wo noch das Licht brennt, da wohne ich!" Also er fand auch mein Zuhause und dort habe ich mich mitten auf den Wohnzimmerboden gesetzt und mich vor Lachen gekrümmt. Meine Eltern waren erst etwas fassungslos über ihre Tochter, bis sie von Herrn Schneider die Erklärung erhielten über mein Verhalten. Irgendwie haben sie mich dann mit vereinten Kräften zum Schlafen auf die Couch bugsiert.

Aber das böse Erwachen kam bei mir früh um 5 Uhr. Ich bin hochgeschreckt und sah auf die Uhr. Und da fiel mir siedend heiß ein, dass wir keinen Tagesabschluss gemacht hatten. Und der musste sein, sonst würde es am nächsten Tag nicht weiter gehen! Aber der größte Schreck kam noch: War der Panzerschrank abgeschlossen? Null Erinnerung bei mir!

In rasender Eile hin ich hochgesprungen und habe mich angezogen. Dann nichts wie hin zur Käthel ins Nebenhaus. Ich versuchte, sie wach zu klingeln. „Käthel, komm bloß schnell, wir müssen noch Abschluss tippen und Kasse machen!", so rief ich aufgeregt und Käthel kam auch gleich angestürmt. Nun mussten wir Herrn Wolf wecken gehen, der den Gegenschlüssel zum Panzerschrank besaß. Alles klappte noch bis zum Beginn der Schalteröffnung! Wir machten unseren Abschluss und die Kasse stimmte auch genau. So brachten wir unsere ‚Sause' noch zu einem guten Ende!

Spaß in der Sparkasse

Eines Tages bekamen wir von der Sparkasse ein Betriebsfest in Aussicht gestellt. Jeder sollte sich zur Ausschmückung etwas einfallen lassen. Käthe und ich waren Feuer und Flamme. Wir beide wollten ein Couplet über Alt-Berlin singen. Und zwar aus der Operette ‚Wie einst im Mai' von Kollo. Käthe besorgte sich von ihrer Muttel Sachen aus der Jahrhundertwende (langer Rock und Spitzenhäubchen) und ich fand dergleichen bei meiner Oma und ihren Mitinsassen im Altersheim. Wir beide sahen wirklich toll aus! Wir schmetterten unsere Lieder mit großer Begeisterung und tanzten noch dazu, wie z.B. ‚Die Männer sind alle Verbrecher' und ‚Das war in Schöneberg im Monat Mai' usw. usw. Am Klavier begleitete uns unser Lehrling. Mit dem jungen Mann zusammen habe ich an diesem Betriebsfest auch die ‚Petersburger Schlittenfahrt' vierhändig gespielt. Den Lehrling Abi hatten wir hinter das Klavier gesteckt und jedes Mal, wenn es soweit war, riefen wir: „Abi, Peitsche!"

Dann knallte Abi hinter dem Klavier zünftig mit seiner Peitsche und er klingelte natürlich auch auf unser Kommando mit den Glöckchen! Schön war's und wir hatten alle Riesenbeifall!

Auch zuhause gab es in dieser Zeit endlich wieder eine Freude:

Wie Mutti es ausgekundschaftet hatte, das weiß ich nicht mehr. Aber eines Tages flatterte wieder ein grünes Peterle durch unsere Wohnstube. Natürlich zu unser aller Freude! Und Mutti vollbrachte dasselbe Wunder an dem kleinen Kerlchen, wie bei unserem Breslauer Peterle. Er lernte im Laufe der Zeit sehr viel sprechen und jeden Morgen, wenn wir ins Büro gingen oder wenn Vati mit der Straßenbahn am Fenster vorbeifuhr, hatte sie das Vögelchen auf dem Finger und winkte uns hinterher.

Das Jahr 1951 – Achim zieht nach Markkleeberg

Für Achim und mich verging Monat um Monat mit unserer Hin- und Herfahrerei zwischen Leipzig und Roßwein. Langsam aber sicher bekam ich eine regelrechte Wut auf die Eisenbahnen, die mir nach einem so kurzen Wiedersehen am Wochenende meinen Achim wieder entführten. Meine Tränen flossen immer reichlicher beim Abschied.

Eines Tages habe ich es nicht mehr ausgehalten, in diesen Wechselbädern der Gefühle zu leben. Auf eigene Faust bin ich in der Leipziger Sparkasse/Personalstelle vorstelig geworden und habe dort gefragt, ob man für meinen Verlobten, der bei der Sparkasse Döbeln angestellt war, in Leipzig eine Arbeitsstelle hätte. Es geschah wieder so ein kleines – oder großes – Wunder in unserem

Leben: Man kam meinem Wunsche entgegen und Achim sollte sich bald vorstellen kommen!

Nun musste ich aber noch auf Zimmersuche gehen! Das war ganz genauso schwierig. Dabei kam mir zugute, dass ich als „Fräulein von der Sparkasse" im Ort bekannt und auch beliebt war bei der Kundschaft. Ich fragte alle Leute, ob sie nicht ein Zimmer zu vermieten hätten und es hat gar nicht lange gedauert, da bekam ich ein Zimmer angeboten.

Es war zwar im dritten Stock, unterm Dach und ungeheizt, aber es war ein Anfang!

Jetzt musste mein Achim handeln und in Döbeln kündigen und sich in Leipzig bewerben. Alles klappte wie am Schnürchen! Achim bekam die Stelle als Kassierer in der Zweigstelle Böhlen. Das war eine viel größere Filiale als meine Zweigstelle in Markkleeberg-Ost. In Böhlen waren nämlich die großen Braunkohlenwerke mit den vielen Arbeitern. Außerdem mussten zu der Zeit, als wir beide als Kassierer arbeiteten, die Geschäftsleute jeden Abend vor Schalterschluss ihre Tageseinnahme auf die Bank bringen und durften nur ein bestimmtes Limit in ihrer Kasse behalten. Wenn ich z.B. am Abend Kasse machte, konnte ich beim Bündeln der Scheine genau riechen, welches Geld vom Fischhändler Eser kam und welches Geld vom Bäcker Schuricht!

Eines schönen Tages war es dann soweit und mein lieber Achim reiste in Leipzig an. Die gute Mama Hilma hatte ihm sogar aus ihren Beständen noch ein Federbett mitgegeben. So bezog Achim sein bescheidenes Zimmerchen bei der Kriegerwitwe Dubiel und zum Essen war er natürlich bei Mutti in Kost. Nun wurde es doch viel schöner für uns beide!

Meine Eltern haben sich gut mit Achim verstanden. Vor allen Dingen merkten sie bald, dass Achim in seiner Art genauso ein akkurater Mensch war wie auch mein Vater. Wir waren nun eine kleine harmonische Gemeinschaft – froh darüber, dass die Dinge einen guten Verlauf nahmen nach soviel schweren Zeiten. Und wir legten Mark um Mark auf die Seite, bzw. auf ein Sparbuch, um uns bald Möbel kaufen zu können. Aber im Sommer 1951 kamen wir beide – Achim und ich – auf eine ganz verwegene Idee! Wir wollten einmal im Leben ein paar Tage Urlaub zusammen verbringen – weg von zuhause. Wir wollten endlich einmal allein sein!

Man sagt: Not macht erfinderisch! Wir erhielten von jemanden den Tip, dass es vom Preis her in der Sächsischen Schweiz günstig sei mit Unterkunft. Ich weiß auch nicht mehr, wer uns die Adresse von Familie V. in Postelwitz bei Bad Schandau gegeben hat. Jedenfalls schrieben wir dorthin und bekamen auch gleich zusagende Antwort, dass wir eine Woche bei ihnen wohnen könnten. Nur durften unsere Eltern von dem Plan nichts erfahren! Also sind wir ganz offiziell für eine Woche mal nach Roßwein gefahren. In Roßwein haben wir aber nur eine kurze Unterbrechung eingelegt, weil es zum Glück auch auf unserer Strecke lag, und wurden von der guten Mama Hilma noch mit zusätzlichen Lebensmittelmarken versorgt. Die Roßweiner wussten natürlich über unseren kleinen Schwindel Bescheid und haben darüber gelacht.

Kann sich jemand vorstellen, wie glücklich wir nach Dresden abgedampft sind? Es war Anfang Juni 1951. Wir hatten genau ausgerechnet, dass wir zu Muttis

Geburtstag am 14.6. heimkommen würden. Dann, im Nachhinein, wollten wir auch erzählen, wo wir wirklich gewesen sind. Im Kreise ihrer Geburtstagsgäste hätten sie nicht mehr viel dazu einwenden können. Alles klappte, wie wir es uns ausgemalt hatten. Mutti war glatt überrumpelt und wir hatten die erste gemeinsame Urlaubswoche unseres Lebens hinter uns! Und wir konnten nicht genug schwärmen von den schönen Tagen in einer zauberhaften Landschaft.

Von Dresden aus ging es mit der „weißen Flotte" auf der Elbe in die Sächsische Schweiz nach Bad Schandau. Die Fahrt dauerte einige Stunden und führte uns durch eine romantische Landschaft.

Von unseren Wirtsleuten erhielten wir ein nettes Zimmerchen und wurden überhaupt ganz herzlich aufgenommen und bewirtet. Jeden Tag sind wir irgendwohin gewandert, denn für uns war alles sowieso nur schön. Wir sahen alles durch die berühmte rosarote Brille der Verliebten. Als die Woche zuende ging waren wir uns einig, dass wir dorthin bestimmt wieder einmal fahren würden.

Hochzeit von Heinz und Uschi.

Im Oktober 1951 wollten Heinz und Ursel heiraten. Natürlich waren Achim und ich zu dem Fest geladen und soviel ich weiß, war Achim auch als Trauzeuge gebeten worden. Da die Hochzeit ziemlich groß gefeiert werden sollte, besorgten wir beide uns in einem Kostümverleih die passende Garderobe dazu. Ich trug ein langes hellblaues Kleid und Achim einen Frack. Auch die anderen Hochzeitsgäste kamen in langen Kleidern und Abendanzügen. Na ja, Heinz konnte sich den Aufwand leisten, denn er verdiente sehr gut. Ich hatte mit Achim eine schöne Hochzeitszeitung zusammengedichtet. Wir waren beide im Verseschmieden ganz groß. Es wurde wirklich ein großes Hochzeitsfest in ausgelassener Stimmung und sogar mit Musik. Unvergesslich der Anblick, wie Tante Lenchen mit dem Herrn Pfarrer eine Sohle aufs Parkett gelegt hat! Mama Hilmas Hans hatte mit seinen 16 Lenzen soviel über den Durst getrunken, dass wir ihn beizeiten stocksteif nachhause tragen mussten. Er war wirklich in seinem ersten Vollrausch steif wie ein Brett!

Der Standesbeamte, der Heinz und Uschi getraut hat, war nebenbei bemerkt auch ein Freund von Heinz und er hatte das Talent zu hypnotisieren. So etwas von Hypnose dicht vor unseren Augen habe ich nie wieder gesehen. Das beste Medium für ihn war unser Schneider Erich Grafe (Grafes waren Nachbarn von den Tanten und der Oma und gut befreundet miteinander – und auch mit uns).

Also, der Herr setzte Erich vor sich und begann, ihn in Trance zu versetzen. Danach tat Erich wirklich alles, was der Hypnotiseur von ihm verlangte. Er sollte auf Kommando angeln und dazu gab er dem Erich irgendeinen Stock in die Hand. Erich holte mit dem Stock weit aus und warf ihn wie eine Angel mitten auf die Tafel mit Geschirr (das hätte er im wachen Zustand doch bestimmt nicht getan). Dann sagte der Hypnotiseur zu Erich: „Es ist kalt, es wird immer kälter, es wird doch ganz eisig!" Nun fing Erich an zu schlottern und zu zittern, dass wir uns vor Lachen kaum halten konnten. Das dollste Ding aber war, als der Hypnotiseur zu Erich sagte: „Passen Sie auf, Sie haben Flöhe, die beißen Sie!" Wie Erich da um sich gehauen hat, die Hosenbeine hochgekrempelt und sich wahnsinnig gekratzt hat, das war alles umwerfend!

Nach der Hochzeitsfeier waren Achim und ich Schlafgäste bei Grafes. Am nächsten Morgen konnte Erich sich nicht mehr an die Hypnose erinnern. Er wollte uns nicht glauben, was wir von ihm gesehen hatten. Dass er sich so gekratzt hatte usw.! Nun besah er sich auf unsere Bitte seine Beine und siehe da, sie waren über und über mit Striemen verziert. Da hat er uns erst glauben können und wir haben darüber noch einmal tüchtig gelacht. Wir haben überhaupt mit den Grafes unendlich viel Spaß erlebt, weil Erich wirklich ein lustiges Schneiderlein war. Als wir ein anderes Mal in Roßwein bei ihm zu Besuch waren – zu der Zeit war der Schlager „Lagerfeuer" ganz groß – stapelte er auf einem weißen Tischtuch Holz auf, zündete es an und tanzte dazu das „Lagerfeuer"- von unserem Gesang begleitet! Ach, ich wüsste noch viel zu erzählen von allerhand netten Begebenheiten, wenn wir mal ein Wochenende in Roßwein weilten. Mein Achim war auch so ein geselliger Mensch und war überall gerne gesehen.

Und wir waren so jung und glücklich – das steckte an.

31. Mai 1952 – Unsere Hochzeit

Inzwischen fingen wir beide an, ernsthaft über einen Hochzeitstermin nachzudenken. Ich wollte unbedingt im Mai heiraten. Das hatte ich mir schon immer eingebildet. Da kam im Jahr 1952 aber nur der allerletzte Tag im Monat Mai infrage, nämlich Pfingstsonnabend. Diesen Termin hielten wir nun fest.

Zuvor mussten wir natürlich noch das Wohnungsproblem klären. Wir brauchten ja eine Bleibe nach der Hochzeit. So fragten wir Achims Wirtin, Frau Dubiel, ob ich auch mit einziehen dürfte in das Zimmerchen. Und ob sie gestatten würde, dass wir unsere eigenen Möbel hineinstellten. Nun war sie ja eine sehr nette und verständnisvolle Frau und willigte in unsere Bitte ein. Jetzt konnten wir unsere Möbel kaufen gehen. Eine Küche und ein Schlafzimmer. Damit war dann der Raum so vollgestellt, dass man kaum noch einen Schritt darin gehen

Unsere Hochzeitskirche, die Auenkirche

konnte. Logisch! Aber unser Motto war von jeher: Hauptsache glücklich! Und so ertrugen wir auch diesen Umstand mit Geduld. Zunächst jedenfalls. Wir ahnten noch nicht, was für Situationen auf uns zukommen würden in dem ungeheizten Raum ...

Für unsere Trauung wollten wir zu gerne goldene Ringe gegen unsere silbernen Ringe eintauschen. In Leipzig konnten wir aber für unseren Geldbeutel keine goldenen Ringe auftreiben (Schwarzmarktpreise konnten wir nicht zahlen). So machte sich unsere Mutti auf den Weg nach Berlin zu ihrem Bruder Hugo und wollte dort versuchen, Ringe zu bekommen. Außerdem brachte sie von Berlin so manches Schnäppchen mit, was es in Leipzig nicht gab. Zum Beispiel Jahre später, als ich im Westen wieder ein Klavier hatte, brachte sie aus Berlin aus einem großen Antiquariat die schönsten Noten mit.

Das waren dann die dritten Noten, die wir im Leben anschafften.

Jedenfalls hat es Mutti tatsächlich zuwege gebracht, Ringe zu besorgen. Es waren zwar zwei verschiedene Ringe – jeder aus einem anderen Geschäft – und der Herrenring hatte außerdem von Anfang an einen kleinen Riss. Aber wir waren nicht abergläubisch und froh über die goldenen Ringe. Was konnte uns jetzt noch passieren?

Es geschah wirklich noch etwas Unvorhergesehenes, was uns vier Wochen vor unserer Hochzeit doch sehr traurig stimmte. Meine Oma aus Sarbia, die im Altersheim schon mit noch ein paar Frauen ein Geschenk zu unserer Hochzeit bastelte, verstarb ganz plötzlich.

Nun gab es also erst einmal eine Beerdigung auf dem kleinen Markkleeberger Friedhof. Vielleicht haben wir jungen Leute in unserer Hochstimmung die Tragik nicht ganz ermessen können. Aber meinen Eltern, besonders Vati, muss es ganz schlimm zumute gewesen sein. Unsere Angehörigen lagen nun schon an drei verschiedenen Orten begraben. In Sarbia der eine Opa, in Breslau der andere Opa und nun Oma in Markkleeberg.

Trotz des tragischen Zwischenfalls waren meine Eltern einverstanden, dass wir in 4 Wochen die Hochzeit in kleinem Rahmen feiern wollten. Mutti hatte dafür auch schon Lebensmittelmarken gesammelt, um überhaupt einen Braten auf den Tisch bringen zu können. Die Feier konnte auch nur in unserem kleinen Wohnzimmer stattfinden. Es wurde dazu ganz leer geräumt und dann hatten wir 13 Leute Platz um den Tisch. Nach dem Polterabend wurde auch die Schlafzimmereinrichtung hinunter in die Waschküche ausgelagert, damit man sich überhaupt etwas die Beine vertreten konnte. Es war eben alles in einem sehr bescheidenen Rahmen – so gut es die damaligen Verhältnisse zuließen.

Ich weiß heute nicht mehr, wo Mutti den weißen Stoff für mein Brautkleid aufgetrieben hat. Sie hat es jedenfalls fertiggebracht, mir selber ein bildschönes Hochzeitskleid zu nähen. Eine Sparkassenkundin borgte mir ihren 6 m langen Schleier. Den Hochzeitsanzug und den Zylinder für Achim besorgten wir uns aus einem Kleiderverleih. Das war durchaus üblich und nichts Ungewöhnliches damals.

Aus Wall kam Huberts Vater, mein alter Onkel Wilhelm, angereist.

Aus Roßwein kamen die Schwiegereltern Hilma und Papa mit der Oma Kodantke, sowie Ehepaar Grafe und natürlich Heinz und Uschi. Auch meine Oma Hildebrandt war dabei und mit meinen Eltern und dem Brautpaar waren wir somit 13 Personen. Schwager Heinz und mein Vater waren Trauzeugen.

In so einem kleinen Vorort wie Markkleeberg-Ost sprach sich die bevorstehende Hochzeit von dem „Fräulein von der Sparkasse" schnell herum. Entsprechend war die freundliche Anteilnahme am Polterabend und am nächsten Tag in der Kirche.

Polterabend

Wir ahnten nicht, dass so viele Leute uns mit ihren Scherben Glück wünschen würden! Wir bekamen einen solchen Scherbenhaufen vor das Haus geworfen, dass Vati später, als wir auf der Hochzeitsreise waren, eine Lohnfuhre kommen lassen musste, um die Scherben abzuholen. Es waren 8 Körbe voll Scherben!

Doch vorher gab es für uns als Brautpaar (und einige Polterabendgäste) viel zu tun. Die Gratulanten hatten nämlich die Scherben direkt vor ein Garagentor unter unserem Parterrefenster geworfen. Als gegen Mitternacht der Garagenbesitzer sein Auto einfahren wollte,

Scherben bringen Glück

mussten wir die Scherben wegräumen. Aber wohin? Wir haben sie also mühsam durch den ganzen Hausflur nach hinten in den Hof getragen und dort einen Scherbenhaufen gebaut.

Ich besitze Gottseidank zu allem, was ich hier erzähle noch die dokumentarischen Fotos. Aber eines steht fest – dass Scherben Glück bringen! So groß der Scherbenberg war, so groß war unser beider Glück und blieb es ein Leben lang. Unsere bescheidenen Hochzeitsfotos mit den Gästen haben wir am nächsten Tag – oder am Nachmittag – im Hof neben dem Scherbenhaufen gemacht. Unsere großen Brautbilder hat natürlich ein Fotograf angefertigt – das war seinerzeit schon genauso üblich wie heute.

Der Hochzeitstag – Pfingsten, 31.5.1952

Unser Hochzeitstag brach mit strahlendem Sonnenschein an. Es war schönstes Pfingstwetter an diesem Sonnabend. Ich hatte mir als Brautstrauß gelbe Teerosen gewünscht. Natürlich bekam mein Achim genau diese Rosen nicht zu kaufen! Das hatte seinen Grund.

Die Stadt Leipzig veranstaltete ein großes Pfingsttreffen und dazu war Wilhelm Pieck, der Staatspräsident angesagt. Zur Ausschmückung waren gerade die gelben Rosen gebraucht worden und nirgends mehr zu bekommen. So brachte mir mein lieber Rosenkavalier einen Strauß roter Rosen. Wahrscheinlich waren sie auch viel schöner zur Hochzeit. Bei den roten Rosen ist es dann ein Leben lang geblieben. Zu jedem Hochzeitstag bekam ich eine rote Rose mehr geschenkt. Nie hat Achim auch nur einen Hochzeitstag vergessen. Zuletzt waren es 33 rote Rosen – auch davon habe ich noch ein Bild.

Es ist wohl gut so, dass man nicht in die Zukunft schauen kann! Wie gut, dass ich damals noch nicht ahnen konnte, wie allein ich einmal nach 33 glücklichen Ehejahren zurück bleiben würde. Wir durften den Frühling und den Sommer des Lebens gemeinsam durchwandern — aber leider nicht den goldenen Herbst! Das Ausruhen nach den Jahren schöner Gemeinsamkeit und das Zurückblicken auf die Stationen des Lebens, das Heranwachsen der Enkelchen zu erleben – all das war uns nicht vergönnt. Ich frage mich seit fast 10 Jahren: warum?

Unsere Hochzeit

Aber auf diese Frage gibt es keine Antwort und so versuche ich, ohne meinen Achim zu leben – aber es ist sehr schwer und es glückt mir durchaus nicht immer. Was bleibt, ist die Erinnerung an leuchtende Tage:

„Leuchtende Tage
   – nicht weinen, dass sie vergangen!
Lächeln, dass sie gewesen
   – wir haben sie gelebt!"

Doch nun will ich weiter erzählen, wie unser Hochzeitstag verlief. Am Vormittag um 11 Uhr war standesamtliche Trauung im Rathaus in Markkleeberg-Mitte. Zu der Standesamtstrauung hatte mir Mutti ein erikafarbenes Seidenkleid genäht und ich trug dazu einen wunderschönen bunten Wickenstrauß. Zur Fahrt ins Rathaus und auch dann für die Fahrt zur Kirche in Markkleeberg-Ost hatten wir ein helles Auto gemietet. Mein Wunsch nach einer weißen Hochzeitskutsche musste leider wegen Unerfüllbarkeit ins Wasser fallen.

Die Zeit zwischen den Trauungen war sehr knapp und wir mussten uns beeilen. Das betraf mich, weil ich den Brautstaat wechseln musste. Die kirchliche Trauung war für mich leider eine einzige Aufregung. Unser Pfarrer hat prompt alles in seiner Rede verwendet, was wir in einem Gespräch mit ihm vorher über unser Leben geschildert hatten. Von der Flucht aus Breslau, von Achims Gefangenschaft, von unserer Treue, von Omas Tod vor 4 Wochen, dass Achims Mama seine Heimkehr nicht mehr erleben durfte und dass nun nach über 7 Jahren unsere Treue mit der Hochzeit gekrönt wurde.

Unser Hochzeitsfoto

Dazu kam ihm auch noch unser gemeinsamer Konfirmandenspruch gelegen, den wir als Grundlage für die Traurede haben wollten:

„Sei getreu bis in den Tod, so will ich Dir die Krone des Lebens geben"

Als wir nach der Trauung aus der Kirche traten und an den Gratulanten vorbeischritten, zog mich meine Käthel beiseite und flüsterte mir ins Ohr: „Ursel, jetzt muss ich Dir unbedingt einen dollen Witz erzählen, damit Du wieder lachst! Ich konnte ja nicht mehr mit ansehen, wie Dein Rosenstrauß im Arm gezittert hat und ich musste dauernd mitheulen!" Das war Käthel! Sie hatte auf der Empore mit den anderen Kollegen gesessen.

Wir wurden übrigens in der kleinen Dorfkirche – der Auenkirche – in Markkleeberg-Ost getraut. Ich habe sie bei meinem Besuch in der damaligen DDR nach Achims Tod noch einmal mit der Käthel aufgesucht. Ach, es sah alles noch genauso aus – wie einst im Mai!

Zuhause gab es dann erst einmal eine Kaffeetafel. Leider war unser Onkel Wilhelm nach der Kirche zusammengeklappt. Er war sicher von seiner langen Anreise erschöpft. Wir mussten ihn ins Bett bringen, was ja nun leider unten in der Waschküche stand. So sind wir den ganzen Hochzeitstag über abwechselnd hinunter zum Onkel gegangen und haben ihm Gesellschaft in der tristen Umgebung geleistet.

Ansonsten war unsere Stimmung ganz vergnügt, zumal Erich Grafe immer seine Späßchen auf Lager hatte und unser Schwager Heinz auch sehr fidel sein konnte. In vorgerückter Stunde und von einigen Bierchen angeregt hatten die beiden Männer Erich und Heinz sich verkleidet und ganz umwerfend das Lied vorgetragen: „Wenn der Topf aber nun ein Loch hat ..." So ausgelassen habe ich es später nicht einmal vom Medium-Terzett gehört! Die beiden steigerten sich dermaßen hinein, dass sie auf die Stühle stiegen und ganz rote Köpfe bekamen. Ach, das sind wirklich schöne Erinnerungen für mich! Wir tagten buchstäblich bis in den Morgen. Es war schon früh 5 Uhr, als wir Brautleute mit Heinz und Uschi aufgebrochen sind, um in unser Stübchen zu Frau Dubiel zu laufen. Übermütig, mal lachend, mal tanzend – nur nicht normal – sind wir die Straße entlang gealbert. Ich im Brautkleid ... Es wurde eine sehr kurze Hochzeitsnacht!

Die Hochzeitsreise

Am Pfingstmontagmittag wollten wir dann unsere Hochzeitsreise antreten, und zwar über Roßwein in die Sächsische Schweiz.

Auf diese Weise begleiteten wir die Eltern, Grafes und die Oma nachhause und wollten den Tanten, die nicht bei der Hochzeit dabei waren, allerhand von unserer Hochzeit erzählen.

Es war sehr heiß an diesem Pfingstsonntag. Und nun fing unsere Reise gleich mal mit einem schlimmen Hindernis an. Durch den Pfingstbesuch von Wilhelm Pieck bekamen wir in der ganzen Stadt nicht eine Taxe zu mieten! Aus! Straßenbahnen fuhren auch nicht! Wir mussten den weiten Weg von zuhause in Markkleeberg-Ost bis zum Hauptbahnhof zu Fuß zurücklegen – mit Gepäck und mit der alten Oma Kodantke. Natürlich war unser geplanter Zug inzwischen längst abgefahren. Aber um unsere Oma hatten wir sehr Angst. Sie musste alle paar hundert Meter auf einem Schaufenstersims oder auf einem Trümmerhaufen am Wegesrand sitzen und sich ausruhen. Und die armen Männer mussten die Koffer tragen. So schwierig gestaltete sich schon einmal der erste Tag in unserer jungen Ehe. Aber alles geht einmal zuende und

Dampferanlegestelle Postelwitz

wir sind dann endlich am Bahnhof angelangt und mussten im Wartesaal einige Stunden warten, bis der nächste Bummelzug nach Roßwein gefahren ist.

In der darauffolgenden Nacht in Roßwein, nach all den Hochzeitsaufregungen, die nun hinter uns lagen, habe ich einen furchtbaren Alptraum gehabt. Achim und ich schliefen in der Wohnung von Oma und den Tanten. Wir beide in Omas Stübchen, was zugleich das Wohnzimmerchen war und die Tanten mit der Oma in den Ehebetten im Zimmer nebenan. Die beiden Stuben waren mit einer winzigen Küche verbunden, die genau dazwischen lag. Mehr Platz war in den kleinen Wohnungen am Werder in Roßwein nicht. Das WC war im Hof.

Als ich nun auf einmal in der Nacht so furchterregend losgeschrien habe in meinem Alptraum (ich weiß noch genau, dass ich träumte, es wollte mich jemand von Achims Seite zerren), da versuchte natürlich zuerst einmal der Achim mich zu wecken. Vergeblich! Je mehr er mich schüttelte – je mehr träumte ich meinen Alptraum. Da kam von nebenan Tante Lenchen gestürmt – musste dabei durch die Küche – und riss sich buchstäblich ihren linken Oberschenkel an der Ecke des eisernen Kochherdes auf. Sie bekam in ihrem Schreck die Kurve nicht gut genug! Mit vereinten Kräften haben sie mich dann doch wachgeschüttelt und wir mussten zu allererst dann Tante Lenchen verarzten, die heftig blutete. Wir haben uns später noch oft über diese aufregende Nacht unterhalten und unsere Tante Martha könnte heute bestimmt das alles noch bestätigen. Sie war ja bei dem Malheur dabei!

Am nächsten Tag sind wir dann nach Bad Schandau aufgebrochen. Nun begann eigentlich erst unsere Hochzeitsreise – und endlich allein! Einen letzten guten

Ratschlag hat sich meine liebe Mutti bei unserem Abschied in Markkleeberg aber doch nicht verkneifen können. Sie hat Achim beiseite genommen – aber ich hörte sie trotzdem ganz genau flüstern: „Und denke daran, Achim, dass die Ursel noch arbeiten gehen muss!" Als ob wir jetzt noch auf gutgemeinte Ratschläge hören wollten! Lange genug haben wir uns immer neue Listen und geheime Treffen ausdenken müssen in der langen Verlobungszeit! Wenn das meine Eltern gewusst hätten, dass Vatis bohnenumrankte Laube, die er sich selbst ins Gärtchen gezimmert hatte, für uns am Abend die schönste Liebeslaube abgegeben hat...

Not macht erfinderisch – auch die Liebespaare!

Doch nun kam der langersehnte Urlaub und wir genossen es richtig, endlich als Ehepaar auf Reisen zu gehen. Wieder standen wir an der berühmten Dampferanlegestelle am Elbufer in Dresden und konnten es kaum erwarten, dass das Schiff der „Weißen Flotte" anlegte.

Wer diese Fahrt mit dem Schiff ins Elbsandsteingebirge einmal gemacht hat, kann diese zauberhafte Landschaft nicht mehr vergessen. Dieses Mal waren wir sogar 14 Tage in Postelwitz bei Familie V.

Wir sind wieder sehr viel gewandert und es gab kaum einen Aussichtspunkt, den wir nicht angesteuert hätten. Die Schrammsteine, die Barbarine, den Königsstein, den Lilienstein, den Kuhstall und Kurort Rathen. Mit der Kimitzschtalbahn zu den Wasserfällen und sogar dort waren wir, wo seinerzeit Carl Maria von Weber zu seinem „Wolfsschlucht-Szenario" im Freischütz inspiriert wurde. Eine ganz besonders weite Wanderung haben wir mit einem Ehepaar gemacht das auf seiner Silberhochzeitsreise war. Noch ein alter Herr von

80 Jahren lief mit uns. Da waren wir beiden Hochzeiter wirklich mal die Jüngsten im Bunde. Wir wanderten zur „Oberen Schleuse" in Hinterhermsdorf. Dort konnte man in einem riesigen Kahn mit noch anderen Wanderern direkt auf der deutsch-tschechischen Grenze wie in einem Dschungel unter Urwaldbäumen fahren. Wirklich ein Erlebnis für alle – und auch davon gibt es im Fotoalbum noch die Bilder.

Zu dieser Zeit, 1952, gab es in der damaligen DDR eine neue Sorte Läden, die viel teurere Waren verkauften als die normalen Lebensmittelgeschäfte. Es waren die HO-Läden (Handels-Organisation).

Da gab es dann für viel Geld Waren, die man sonst überhaupt nicht frei kaufen konnte – wie Schokolade, Kaffee, Westzigaretten, Kleidung. Es gab auch HO-Gasthäuser. Ich weiß nur noch, dass eine HO-Bockwurst 2 Mark kostete, eine Tafel Schokolade 8 Mark und ½ Pfund Kaffee 40 Mark. So ungefähr waren die Preise gegenüber unserem Monatseinkommen von 250 – 300, — Mark bei der Sparkasse.

Trotzdem konnten wir auf die Art hin und wieder einmal unterwegs einkehren und gut essen. Dabei ist mir eine Wanderung noch besonders gut im Gedächtnis geblieben. Wir wollten uns das sogenannte „Zeughaus" ansehen gehen. Der Weg dorthin war ziemlich weit und es war ein sehr warmer Junitag. Es war in diesem Jahr schon seit Pfingsten die reinste Sommerwärme. Nach einem langen Marsch kamen wir unterwegs an ein Gasthaus – mitten im Wald. Da wir durstig waren und es inzwischen auch Mittagszeit war kehrten wir dort ein. Wir waren wahrhaftig die einzigen Gäste im Lokal. Weil ich gar so durstig war, habe ich viel zu schnell ein Glas Bier heruntergestürzt – auf den leeren

Magen! Ich wurde darum bleischwer und kippte erst einmal kurz auf der langen Sitzbank um. Zuvor hatten wir mit dem Bier auch schon einen Schweinebraten bestellt.

Als das Essen kam, schauten wir ganz verwundert auf das große Stück Braten und die schönen Klöße. Das Richtige für unseren großen Hunger! Ich fragte meinen Mann noch ob er es schon einmal erlebt hat, dass ein Schweinebraten mit Speck gespickt sei?

Mitten in unsere Überlegungen sprang plötzlich direkt neben uns zum offenen Fenster ein großer Schäferhund herein und verschwand durch die offene Küchentür. Es dauerte nur wenige Minuten, da ging die Gaststubentür auf und ein Jäger kam aufgeregt hinein und rief: „Haben Sie hier einen Hund hereinkommen sehen – ich suche einen Wilderer"! Nun wurde uns alles klar! Der hervorragende Spickbraten, den wir gerade verputzt hatten, das war Wild gewesen und nicht Schweinefleisch. Wir waren aber viel zu froh, so gut gegessen zu haben und verneinten mit unschuldsvoller Miene in großer Einstimmigkeit seine Frage. Na, das hätte dumm ausgehen können, wenn der Jäger in die Küche geschaut hätte, wo unterm Tisch der Hund lag.

Wir waren froh, dass uns beiden keine weiteren Fragen gestellt wurden. Wir zahlten möglichst fix und sahen zu, dass wir weiterkamen.

Aber auch der schönste Urlaub geht einmal zuende und so holte uns der Alltag mit allerlei Problemen zuhause wieder ein.

Ade Sparkasse!

Für mich gab es durch meine Eheschließung sogar ein berufliches Problem. In einer Sparkasse durften keine

Ehepaare zusammen arbeiten. Also habe ich gekündigt, damit mein Mann seine Stellung in Böhlen behalten konnte. Es tat mir natürlich sehr leid, aus meinem netten Arbeitskreis zu gehen. Die Arbeit hatte mir so Freude gemacht und die Kollegen waren Freunde geworden für mich.

So schnell ich konnte, bemühte ich mich, wieder in ein Büro hineinzukommen. Endlich, im Juli 1952 suchte der Verlag „Volk und Wissen" in Leipzig eine Fakturistin (Rechnungsschreiberin). Ich hatte mit meiner Bewerbung Erfolg und bekam die Stelle. Aber leider hat es mir dort gar nicht gefallen. Wir Schreiberinnen hatten eine unmögliche Vorgesetzte – ein Dragoner von einem Weib (Marke Adele Sandrock)! Das war so gar nicht das Arbeitsklima, welches ich von vorher gewohnt war! Ich hatte wirklich keine Lust, die Launen der Alten zu ertragen, so wie es meine beiden anderen netten Fakturistinnen taten.

Inzwischen war auch der Sommer so richtig in Fahrt gekommen. Er hatte zu Pfingsten schon so zeitig warm angefangen. Jetzt bekamen wir die ersten Probleme in unserem Dachstübchen. Es wurde brütend heiß in dem Zimmerchen. So heiß, dass man es buchstäblich nur fast nackend aushalten konnte. Wir klebten beim Essen an unseren Stühlen fest – worüber man beinahe noch lachen konnte! An erholsamen Nachtschlaf war natürlich nicht zu denken.

Aber es kam noch schlimmer als der Winter einzog. Der wurde nämlich nach dem heißen Sommer nun bitterkalt. Und unsere Stube ging nicht zu heizen! Mittlerweile hatte ich nur noch 8 Grad Zimmertemperatur mit fallender Tendenz. Ein Elektroöfchen gab es seinerzeit auch noch nicht zu kaufen. Der Erfolg war, dass wir beide ziemlich krank wurden. Ich erkältete mir den Unterleib und landete beim Frauenarzt. Mein Achim bekam ganz schreckliche Hämorrhoiden und musste damit auch in Behandlung. Was sollten wir nur tun in dieser Situation? Es war schon zum Verzweifeln. Nun hatten wir endlich ein eigenes Zuhause und konnten es doch nicht bewohnen! Immerzu gab es neue Schwierigkeiten, mit denen wir fertig werden mussten. Unser Anfang war wirklich nicht leicht, wenn ich daran zurückdenke! Ich habe seinerzeit darüber so manche Tränen vergossen, weil ich es einfach so ungerecht vom Schicksal fand, dass wir es so schwer hatten. Aber vielleicht hat gerade das alles uns so zusammengeschweißt und für die späteren guten Jahre so dankbar werden lassen.

Meine lieben Eltern handelten damals kurzentschlossen und boten uns an, über den Winter wieder bei ihnen zu wohnen. Zu viert in dieser kleinen Wohnung? Aber was blieb uns übrig? Im Schlafzimmer hatten sie außer ihren Ehebetten noch mein einzelnes Bett. In diesem Bett konnte ich nun mit Achim schlafen.

Schlafen – das war zwar gut gemeint aber mein Mann hatte solche großen Schmerzen mit seinen Hämorrhoiden, dass er keine Sekunde ruhig liegen konnte. Frühmorgens waren wir also nicht ausgeruht, sondern gerädert von der unruhigen Nacht. Und so sind wir dann auch noch treu und brav ins Büro gegangen. Einmal war der Schmerz bei Achim so groß, dass er eben nicht mehr ins Büro fahren konnte bis nach Böhlen. Da habe ich seine „Tour" übernommen. Um 5 Uhr früh musste ich aufstehen und dann mit dem Panzerschrankschlüssel, den Achim als Kassierer immer bei sich hatte, durch den dunklen Winterwald nach Markkleeberg-Mitte zum Bahnhof laufen und mit dem Zug nach Böhlen fahren (diesen weiten Weg bei jedem Wetter und zu Fuß musste mein lieber Achim jeden Tag zurücklegen)! Ich habe dann in der Kasse beim Zweigstellenleiter die Entschuldigung vorgetragen, den Schlüssel überreicht und bin mit dem nächsten Zug wieder nach Leipzig in mein Büro gefahren. Wenn ich heute darüber nachdenke, wie schwierig doch unsere jungen Jahre im Alltag zu leben waren – da kann ich überhaupt keinen Vergleich mit meinen Kindern anstellen. In was für friedlichen Zeiten konnten sie aufwachsen und sich ihr Leben gestalten!

Doch nun ging auch dieser Winter eines Tages zuende und ich hatte schon dauernd meine Fühler nach einer anderen Stelle ausgestreckt. Und wirklich – ich hatte endlich Glück! Diesmal suchte die DHZ- Elektrotechnik (Deutsche Handelszentrale) eine Fakturistin.

Ich konnte ganz kurzfristig die Stellung wechseln. Wahrscheinlich gab es damals noch nicht so besonders lange Kündigungsfristen, die eingehalten werden mussten.

In der DHZ Elektrotechnik hatte ich wieder sehr nette Kollegen.

Wir waren 4 Fakturistinnen und verstanden uns auf Anhieb gut. Auch mit den Vorgesetzten konnte man auskommen. Ich fühlte mich in dieser Arbeitsstelle wesentlich wohler als in dem Verlag vorher.

Dabei gehörte es in dieser Firma dazu, Aufbauarbeiten zu leisten.

Das bedeutete, dass man sich nach dem offiziellen Dienstschluss in eine Trümmerfrau verwandelte. Mit Schürze, Kopftuch und alten Schuhen wurden ehrenhalber die Trümmer geräumt oder Ziegel geklopft. Gerade so, wie es in den Filmen der Nachkriegszeit immer wieder gezeigt wird, habe ich auch als Trümmerfrau am

Straßenrand oder auf einem Steinhaufen gestanden! Ich habe auch in der DHZ den 17. Juni 1953 miterlebt!

Käthel besorgt uns eine Wohnung

Unendliche Male war ich auf dem örtlichen Wohnungsamt und habe um eine kleine Wohnung gebettelt. Unter Tränen habe ich immer wieder geschildert, wie wir in dem einen Zimmer lebten. Das war schrecklich aufregend für mich, denn die Herren in diesen Ämtern waren linientreue Kommunisten. Da kam man sich so schrecklich klein und hilflos wie ein armes Würstchen vor.

Aber unsere alte Freundin Käthel hat als Einheimische auch immer aufgepasst, ob sich nicht einmal ein Wohnungswechsel im Ort abspielt. Und richtig: eines Tages erfuhr sie, dass sogar im Nebenhaus meiner Eltern in der Schlosserei von Gatzsches die Mansarde frei wird!

Sie verständigte uns sofort und wir bewarben uns beim Wohnungsamt um diese zwei Zimmer. Endlich willigte das Wohnungsamt ein und sprach uns diese Räume zu! Die Wohnung war zwar auch unterm Dach, aber in jedem Zimmer war ein Ofen zum Heizen. Dazu hatte ich in der Küche einen Gasanschluss und konnte einen zweiflammigen Gaskocher kaufen (bzw. mit viel Glück erst einmal in einem Kaufhaus erwischen) und anschließen lassen.

Im Schlafzimmer stand ein Kanonenofen. Der hat gebullert wie verrückt. Wenn man da nicht genau aufpasste, waren im Schlafzimmer im Nu 40 Grad Hitze. Wenn man aber nicht geheizt hat, passierte dasselbe wie bei Frau Dubiel im Zimmer – dann war es so eiskalt, dass mir einmal ein gefülltes Flacon auf der Frisierkommode einfror und platzte. Es war so eine schöne hell-

Unsere erste Wohnung

blaue Garnitur aus Kristallglas, wie man sie seinerzeit auf den Frisierkommoden aufstellte.

Aber in dieser Wohnung fühlten wir uns jetzt erst einmal richtig wohl, denn auch unsere Wirtsleute waren sehr freundlich zu uns.

Sie kannten mich ja von der Sparkasse her und so dauerte es gar nicht lange, da gingen wir bei ihnen ein und aus – abgesehen davon, dass wir sowieso das Bad und WC in ihrer Wohnung mitbenutzen mussten.

Wir hatten uns eine gemütliche Wohnküche eingerichtet und in das Schlafzimmer ging bis auf den

Schlafzimmerschrank auch alles hinein. Den Schrank stellten wir in den Korridor. Von unserem Fenster konnten wir zu den Eltern hinunter zu ihren Fenstern blicken, so nahe wohnten wir jetzt zusammen.

Der 17. Juni 1953 in Leipzig

Die allgemeine Lage war in dieser Zeit sehr gespannt. Die Arbeiterschaft fing an, aufzumucken wegen der schlechten Versorgung. Es sprach sich schließlich auch herum, wie schnell im Westen das sogenannte Wirtschaftswunder blühte und was war bei uns?

In dieser Situation beschloss die Familie Schmidt aus dem Erzgebirge, sich nach dem Westen abzusetzen. Noch waren die Grenzen nicht endgültig dicht! Noch konnte man als Reisender besuchsweise „rüber" fahren – und nicht zurückkommen!

Onkel Hermann brachte eines Tages kurzerhand unsere Oma Hildebrandt zu meinen Eltern nach Markkleeberg. Auf die Einwendungen meines Vaters, wie beengt er doch mit Mutti wohnte nahm er dabei keinerlei Rücksicht. Die Oma störte ihn bei seinen Fluchtplänen und er wollte nicht mit sich reden lassen. Ich kann zu seiner Entschuldigung nur erklären, dass Onkel Hermann zu dieser Zeit schon ein schwer kranker Mann war (Lungenkrebs). Er schaffte es auch wirklich noch, seine Familie in den Westen zu bringen – kam selber aber sofort in einem Auffanglager für Flüchtlinge in die Sanitätsbaracke, wo er nach einem langen Krankenlager gestorben ist.

Mir tun nachträglich alle noch so leid! Was mussten sie durchmachen in ihrem Alter seit der Flucht aus Breslau! Ganz besonders unsere liebe Oma, die zu der Zeit inzwischen 72 Jahre alt war. Sie hatte immer noch keine endgültige Bleibe und Ruhe gefunden. Dazu wurde sie auch immer schwerhöriger – altersbedingt.

Es gärte also in der Ostzone schon eine ganze Weile unter der arbeitenden Bevölkerung bis es dann am 17. Juni zur geballten Demonstration kam. Diese Bewegung pflanzte sich im ganzen Land fort. Man hörte von Aufständen in Berlin und in den großen Industriegebieten um Leipzig herum. Bei uns zuhause war die Lage gegenwärtig so, dass meine Eltern gerade in Wall weilten, meine Oma allein zuhause war und Achim und ich natürlich den ganzen Tag im Büro waren. Meine Arbeitsstelle war ja mitten in der Stadt am alten Rathaus gelegen. Den ganzen Tag überschlugen sich schon die Gerüchte über das, was im Land geschah. Wir mussten im Büro ausharren und sahen nur immer mal verstohlen zum Fenster hinunter auf den Platz, wo es aufgeregt hin und her wogte (beim Hinunterschauen durfte man sich aber beileibe nicht erwischen lassen)! Wir hörten, dass das Gefängnis gestürmt und die Insassen befreit worden waren usw. Es war eine furchtbare Aufregung um uns herum und die Angst packte uns. Wir durften ja nicht davonlaufen, wenngleich es danach aussah, als gäbe es jetzt einen totalen Umsturz! Plötzlich hörten wir lautes Motorengeräusch!

Auf der Straße entstand lauter Tumult und als wir hinunterblickten sahen wir die russischen Panzer anrollen, die erbarmungslos die Menschenmassen auseinander trieben. So schlugen sie den Aufstand mit deutlich drohender Gebärde nieder. Jetzt wurden endlich wir Angestellten nachhause geschickt und mit großer Angst im Nacken konnten wir in diesem Durcheinander zu Fuß nachhause laufen.

Es fuhr ja auch keine Straßenbahn mehr! Von der Innenstadt Leipzigs, wo meine Arbeitsstelle lag, bis nach Markkleeberg-Ost waren es einige Kilometer (ich glaube so 6–8 km).

Als ich endlich zuhause ankam, hatte die Bevölkerung sich bereits mit Hamsterkäufen eingedeckt und den Bäckerladen und andere Geschäfte leergekauft. Zum Glück war ich genug bekannt im Ort von meiner Sparkassentätigkeit her, so dass mir der Bäcker aus dem Hinterstübchen noch ein Brot holte und verkaufte. Mein Achim war auch noch nicht zuhause aus Böhlen. Dort in den großen Braunkohlewerken ist bestimmt ähnlicher Tumult gewesen. Kurzum, der normale Tagesablauf war durch den ohnmächtigen Aufstand empfindlich gestört. Achim musste warten, bis ein Zug verkehrte und ihn heimbrachte. Unsere Oma hatte von all den Aufregungen, die sich abspielten, nichts mitbekommen wegen ihrer Schwerhörigkeit. Sie empfing mich ganz empört und meinte:" Bei euch müssen ja die Leute viel Zeit übrig haben zum Quatschen. Den ganzen Tag sehe ich sie nu zusammen auf der Straße stehen!" Es war beinahe zum Lachen- wenn's nicht so ernst gewesen wäre! Ich habe nun der Oma erklärt, was heute passiert war und warum die Leute verständlicherweise auf der Straße die Köpfe zusammensteckten. Dann war Oma natürlich auch geschockt und aufgeregt.

Das Ende ist bekannt. Der Aufstand wurde im ganzen Land blutig niedergeschlagen und die Misere ging weiter wie bisher. Im Westen dagegen erholte sich zusehends die Wirtschaft. Wir im Osten bekamen dafür die Schimpfkanonaden gegen die westlichen Kapitalisten zu hören! Man machte sich wieder an die Arbeit – im Innersten tief deprimiert.

Eine schlimme Speisevergiftung

Während meiner Arbeitszeit in der DHZ-Elektrotechnik wurden wir zu Mittag aus einer Gemeinschaftsküche versorgt. Das war eine gute Einrichtung. Man hatte einmal am Tage ein warmes Essen, denn Kaffeemaschinen und die Kaffeekocherei, wie sie heute üblich ist, das gab es noch nicht.

Im Sommer 1953 erwischten uns ganz fürchterlich Typhusbakterien!

Wir bekamen an diesem besagten Tag das Essen wie immer in den Betrieb gebracht – und zwar Würstchen mit Kartoffelsalat. Es dauerte nach dem Mittagessen gar nicht lange und einer nach dem anderen musste zum Betriebssanitäter rennen. Ich war natürlich auch dabei. Wir bekamen Schüttelfrost und einen unheimlich dick aufgeblähten Bauch. Dazu schlagartig hohes Fieber. Und weh tat der Bauch!

Erst einmal wickelte man jeden von uns in eine warme Decke, weil wir so schlotterten. Doch es kamen ja immer mehr Kollegen, für die Decken gebraucht wurden. Da entließ man uns nachhause, damit wir unsere Hausärzte aufsuchen konnten. Nun noch die lange Straßenbahnfahrt. Ich weiß es noch genau. Da denkt man ja, man kommt nie mehr zuhause an.

Ich bin sofort zu unserem Hausarzt Dr. Barth gegangen, der zunächst ganz richtig auf eine Speisevergiftung tippte und entsprechende Medikamente aufschrieb. Auch Stuhlproben mussten abgegeben werden beim Arzt. Die Schmerzen ließen langsam nach.

Aber vielleicht 2 Tage später kam plötzlich unser Sanitäter von der Firma persönlich angetrabt und verkündete uns, dass meine Stuhlprobe positiv ausgefallen sei und ich sofort ins Krankenhaus müsste! Er erzählte uns nur noch schnell, dass inzwischen schon 400 Leute mit denselben Merkmalen im Krankenhaus liegen würden und dass es sich um einen Paratyphus handelte! Das war vielleicht ein Schreck für uns! Wir packten ein Köfferchen und Achim brachte mich in das angegebene Krankenhaus – Isolierstation. Inzwischen war es schon Abend geworden. Unvergesslich für mich wieder die Frage der Krankenschwester, die uns die Tür öffnete: "Auch Breslau?" Ich fragte damals erstaunt:" Woher wissen Sie denn, dass ich aus Breslau bin?" Da klärte sie mich auf, dass meine Krankheit „Enteritis Breslau" hieß und ein hochansteckender Paratyphus war! Daraufhin hat sie meinen Achim noch an der Tür umkehren lassen und mich zu den anderen Patienten auf die Isolierstation gebracht. Ich kam in ein Dreibettzimmer. Alle hatten dieselbe Krankheit wie ich. Unsere wichtigste Tätigkeit in diesen Wochen war, drei mal am Tag Stuhlproben abzuliefern für die Untersuchungen. Und das mir – wo ich doch schon froh war, wenn ich wenigstens einmal am Tag gehen konnte. Es war eine absolute Schinderei – und es muss obendrein ein grotesker Anblick gewesen sein – wir drei Frauen gemeinsam auf den Nachttöpfen thronend ... Wir erfuhren, dass auch der Sanitäter und der Koch im Krankenhaus gelandet waren. Um wieder als gesund entlassen zu werden, musste man drei Tage negative Stuhlproben abgegeben haben. Ich hatte natürlich das besondere Vergnügen, dass es immer zwei Tage negativ war und am dritten Tag wieder positiv! Das bedeutete, dass der ganze Zirkus über drei Tage wieder von vorne anfing. Auf diese Weise war ich am längsten in der Isolierstation, nämlich drei Wochen. Dazu kam noch etwas sehr Unangenehmes: die

Ärzte predigten unbarmherzig, wir sollten unsere Ration von 20 Tabletten pro Tag schlucken, oder es würde ewig hier so weiter gehen! Wir lösten sie halt in Wasser auf und tranken das Zeug in einem Ruck herunter. Es war wirklich ein Zustand zum Verzagen! Unsere Besucher durften wir nur zum Fenster herunter begrüßen (vom 1. Stock). Mutti und Achim kamen regelmäßig zu mir, aber wenn sie außer Sichtweite waren, dann gab es Tränen genug. Als ich endlich entlassen werden konnte, hatte ich mir ganz schlimme Hämorrhoiden eingehandelt von der ewigen Drückerei. Nun war wieder mein guter Dr. Barth an der Reihe, mich zu behandeln. Aber der war mir sowieso sehr zugetan und hat für mich einen langen Erholungsurlaub bei den Vertrauensärzten herausgeholt!

Eines ist mir von dem Krankenhausaufenthalt jedenfalls gut in Erinnerung geblieben: die Ärzte hatten uns gewarnt, nie einen Kartoffelsalat über Nacht stehen zu lassen, denn das wäre der beste Nährboden für Bakterien. Ich beherzige das seither!

Wohin? – Vatis Aufbruch in den Westen

Meine lieben Eltern wurden zunehmend deprimierter über ihre Armut und bei dem Gedanken, keine Altersversorgung zu haben. Alles, was Vati mühsam in Breslau an Beamtenrechten erworben hatte, das war verloren und galt in diesem kommunistischen Staat nichts! Manches Mal hörte ich ihn stöhnen: „Habe ich dazu im ersten Weltkrieg meine beiden Beine für das Vaterland gegeben, dass es mir jetzt so dreckig gehen muss?"

Man muss sich vorstellen, dass diese Zeiten, die wir alle in den Nachkriegsjahren durchleben mussten, für einen gesunden Menschen schon anstrengend waren.

Wieviel schwerer aber war alles für meinen Vater mit seiner schweren Verwundung? Er konnte ja damit nur noch einen Beruf mit sitzender Tätigkeit ausüben. Und was er jetzt als degradierter Hilfsarbeiter im Bibliografischen Institut machen musste, das war für ihn zutiefst deprimierend.

Alle diese Überlegungen ließen in meinen Eltern einen Plan reifen. Zunächst haben sie uns auch noch nicht eingeweiht, damit wir beide völlig unbefangen blieben. Eines Tages war Vati plötzlich verreist- nach Norden bei Emden. Mit einer Reisegenehmigung konnte man damals wenigstens noch als Besucher in den Westen fahren. Noch waren die Grenzen nicht hermetisch abgeriegelt!

In der Stadt Norden waren damals Auffangstellen für Flüchtlinge aus Ostdeutschland. Leider erhielt Vati dort nur ablehnenden Bescheid. Es war schon alles überfüllt und es gab keine Zuzugsgenehmigung mehr. Also musste Vati unverrichteter Dinge nach Leipzig zurückkommen.

Einen zweiten verzweifelten Versuch unternahm Vati mit einer Reise nach Gießen. Dort gab es auch große Flüchtlingslager. Wieder trug Vati seine Bitte um Zuzugsgenehmigung vor, aber man blieb hart.

Es gab keinen Zuzug mehr für Ostdeutsche. Die waren in dem Büro sogar noch besonders hämisch, wie man es nicht für möglich halten konnte! So sagte doch so ein Sachbearbeiter hinterm Schreibtisch zu meinem Vater: „Fahren Sie nur dahin zurück, von wo Sie hergekommen sind! Andere müssen auch dort leben!"

Da hat meinen Vater doch die Wut gepackt und er hat den Kerl angeschrien in seiner Verzweiflung: „Aber Sie sind hier im Westen, das ist wohl die Hauptsache!"

Und wieder kam Vati völlig niedergeschlagen aus dem Westen zurück. Wohlgemerkt: die Reisen waren als Verwandtenbesuche getarnt!

Eines hatte Vati jetzt erkannt: auf dem amtlichen Behördenweg war alles aussichtslos. Er musste es irgendwie anders versuchen, rüber zu kommen! Ich möchte nicht wissen, was meine Eltern für schlaflose Nächte gehabt haben. Sie zermarterten sich ihren Kopf um einen Ausweg aus ihrer Lage. Dabei war es noch ein Glück, dass mein Vater so streng mit sich selbst und seiner Verwundung umging! Er sagte mehr als einmal im Leben zu uns: „Meine Beine haben mir zu gehorchen – und nicht ich den Beinen!" Mit dieser Einstellung war er, solange ich denken konnte, auch nie bettlägerig gewesen und hatte den Mut, solche Reisen allein zu unternehmen.

Und wenn die Not am größten – ist Gottes Hilf' am nächsten!

Da besann sich mein Vater, dass seine Cousine Wally in Ulm verheiratet war und dass sie ihm einmal geschrieben hatte: „Heinrich, wenn Du in Schwierigkeiten kommst (nach der Flucht), dann wende Dich an mich!"

Zur Erklärung will ich schreiben, dass die beiden Mütter – meine Oma aus Sarbia und Tante Wallys Mutter, Emma Jarofke, Geschwister waren. So waren Vati und die in Ulm mit einem Schwaben verheiratete Cousine Verwandte nahen Grades.

Es ist Vati bestimmt nicht leicht gefallen, sich nun an seine Cousine zu wenden. Ich weiß, wie sensibel er war. Aber eines Morgens, als wir beide aus der Straßenbahn in Leipzig ausstiegen, um an unsere Arbeitsstellen zu laufen (ich in die DHZ und Vati in das Bibliographische Institut), da drückte er mir einen Brief in die Hand und bat mich, ihn gegenüber der Haltestelle mal schnell in den Briefkasten zu werfen.

Als ich das getan hatte, fragte mich Vati: „Weißt Du, Uschi, was Du jetzt in den Kasten geworfen hast? Es ist die Bitte an Tante Wally, mich in Ulm vorübergehend aufzunehmen!" Es war Vatis letzter verzweifelter Versuch!

Nun warteten wir alle gespannt auf Antwort – und die kam auch sofort und zustimmend. Zunächst wollte Vati ganz allein dorthin fahren, um erst einmal die Möglichkeiten zu prüfen. Mutti und Oma sollten zuhause unauffällig weiterleben, so, als wäre Vati nur eben mal verreist. Wir alle aber wussten, dass Vati von dieser Fahrt nicht noch einmal zurückkehren würde. Das hatte er beim Abschied gesagt!

Diesmal wollte er es unbedingt erzwingen, eine Aufenthaltsgenehmigung zu erhalten.

Die gute Tante Wally! Ihr haben wir eigentlich zu verdanken, dass wir uns alle nacheinander im Westen einfinden konnten und noch einmal ein neues Leben in Freiheit aufbauen konnten!

Als Vati bei Tante Wally Pfahler in Ulm vor der Tür stand war es April 1954. Zu dieser Zeit lag ihr Mann – Onkel Theo – mit einer schweren Thrombose monatelang im Krankenhaus. Dadurch konnte Vati zunächst einmal in das Zimmer meiner Cousine Traudel (der einzigen Tochter von Pfahlers) ziehen und die Traudel ging zu ihrer Mutter ins Schlafzimmer schlafen. So hatte Vati fürs erste ein Dach über dem Kopf und konnte vom Weißenburgweg aus versuchen, irgendwo ein eigenes Zimmerchen zu bekommen. Wie gesagt – er umging diesmal den Behördenweg und wollte sich auf eigene Faust Wohnung und Arbeit suchen. Nur dann – wenn man beides vorweisen konnte- bekam man nämlich eine Zuzugsgenehmigung im Westen.

Einige Wochen später hat Vati in Wiblingen, einem Vorort von Ulm, ein winziges Zimmerchen aufgetrieben. Nun war der Anfang gemacht und er gab Mutti in Markkleeberg „grünes Licht"! Das bedeutete, den Haushalt in Markkleeberg unauffällig aufzulösen und mit der Oma nach Eilsum zu Schunkes „in Urlaub" zu fahren (so hatten wir alles vor Vatis Abreise durchgesprochen). In Eilsum hatten unsere Verwandten aus Breslau inzwischen schon wieder eine eigene Fleischerei und ein kleines Häuschen. So groß war der Unterschied beim wirtschaftlichen Aufschwung zwischen Ost- und Westdeutschland! Für uns waren es allenfalls 10 verlorene Jahre, in denen man ziemlich auf der Stelle getreten ist.

Während Mutti und Oma ein paar Wochen bei Schunkes bleiben sollten, weil diese ihnen ein Dach über dem Kopf und auch Essen bieten konnten, war Vati in Ulm weiter auf der Suche nach einem größeren Zimmer und nach Arbeit. Dann wollte er Mutti nachkommen lassen.

Die Zeit bis es soweit war, dass Mutti und Oma tränenreichen Abschied von uns zurückbleibenden jungen Leuten nehmen konnten, war noch mit allerhand Aufregung für uns alle verbunden. Es gab zu dieser Zeit noch genug alte Schlesier im Ort, denen Mutti nach und nach ihre Wohnungseinrichtung vermachte. Viel war es ja nicht. Und was uns besonders lieb war – Vatis großen Sessel und einen wirklich gediegenen, kleinen Bücherschrank – das haben wir zu uns in die Wohnung genommen. Das Unangenehmste bei der ganzen Räumungsaktion war, je leerer die Räume wurden, desto

189

mehr schallte jeder Ton in den Wänden! Und unsere Oma sprach durch ihre Schwerhörigkeit besonders laut und verstand auch nicht, dass sie jetzt nur sehr leise reden durfte. Es sollte doch niemand merken, dass Mutti die Wohnung ausräumte. Unser Wellensittich Peter bekam ein gutes Zuhause bei einem lieben alten Schlesier – dem Hanke Emil. Er war mit meinen Eltern befreundet.

Eines Tages war es soweit! Die Wohnung war leer und unter dem Vorwand einer Besuchsreise zu ihrer Schwester fuhr Mutti mit Oma los – wieder einem neuen Lebensabschnitt entgegen! Ist das nicht furchtbar – so alt zu werden und immer noch keine heimelige Bleibe für den Lebensabend zu haben? Mir ging das alles sehr nahe und es gab natürlich auf beiden Seiten viele Tränen zum Abschied. Wir wussten wirklich nicht, wann wir uns Wiedersehen würden! Das alles hat wieder sehr viel Nervenkraft gekostet – allen Beteiligten!

Für uns zurückgebliebene war die Situation auch nicht gerade einfach. Ich hatte panische Angst, dass ein Parteibonze kommen könnte und mich befragen, warum sich meine Eltern abgesetzt haben.

Als wir nun allein waren in Markkleeberg, da hörte ich auf zu arbeiten. Ich fühlte mich gar nicht mehr wohl gesundheitlich.

Jeden Tag bekam ich mehr Herzschmerzen und saß oft den ganzen Tag still im Sessel in meiner Wohnküche, bis abends Achim heimkam.

Wenn ich ein paar Schritte gehen musste, um im Herd Kohlen nachzulegen, dann bin ich wirklich krumm gegangen vor Schmerzen. Und bei jedem Klingelton unten an der Haustür bei Gatzsches bin ich vor Angst zusammengezuckt. Wahrscheinlich war das alles im Zusammenhang mit den vergangenen Aufregungen um den Wegzug der Eltern. Wir waren eigentlich das erste Mal in unserem Leben nun getrennt – und noch dazu auf eine ganz unnormale Art und Weise.

Doch zum großen Glück war meine Angst, dass jemand nach meinen Eltern fragen würde, ganz unnötig. Es hat kein Hahn nach ihnen gekräht – wie man so sagt. Das gab mir langsam wieder Sicherheit und ich fing an, wieder aufzuleben. Mein Arzt hatte mir allerdings einen linksseitigen Herzschaden bescheinigt. Er sagte aber auch, dass man so etwas ausheilen könnte. Die Hauptschuld an meinem Herzfehler trugen die ewig vereiterten Mandeln, die ich in Leipzig hatte.

Achim und ich versuchten nun, unser Leben so gut es ging allein einzurichten. Damit ich viel an die Luft kommen konnte, haben wir uns von meinem letzten Gehalt aus der DHZ-Elektrotechnik Fahrräder gekauft. Leipzig liegt ja ganz flach und so gab es keine Steigungen zu bewältigen. So haben wir ausgedehnte Fahrten in die Außenbezirke unternommen. Wenn wir uns nicht auf der Höhe fühlten, hatten wir in unserem Hausarzt immer einen Helfer zur Seite.

Er war auch als einziger eingeweiht, als meine Eltern sich absetzen wollten. Und für ihn war es klar, dass wir beide über kurz oder lang dasselbe tun würden und dann sollte ich mir im Westen die Mandeln herausnehmen lassen – das würde für mein Herz Besserung bringen!

Vati in Ulm

Nach ungefähr 6-8 Wochen, vielleicht auch etwas mehr, hat Vati in Ulm-Wiblingen eine neue Bleibe gefunden. Es waren 1½ Zimmer unterm Dach im 2. Stock eines

Dreifamilienhauses. In den winzigen Vorraum konnte man ein Küchenbuffet stellen. Der einzige größere Raum hatte an einer Seite stark abgeschrägte Wände. Darunter konnte wenigstens eine Liege stehen und im rechten Winkel dazu noch ein zweites Bett. In der Mitte des Raumes ein Tisch mit Stühlen und an einer anderen Wand eine kleine Anrichte – das war die ganze Einrichtung. Ein Kochherd in der Ecke, der auch als Heizofen diente, war noch ein wichtiges Utensil. Nun konnte Vati endlich die Mutti aus Emden zu sich nach Ulm kommen lassen!

Die Oma Hildebrandt musste dagegen bei ihrer Tochter Lotte in Eilsum bei Emden bleiben. Aber das war auch noch nicht die letzte Bleibe der armen Oma. Ich weiß heute wirklich nicht mehr, warum sie eines Tages wieder nach Ulm geholt wurde und zuerst in Wiblingen, ganz in unserer Nähe, noch einmal ein eigenes Untermietstübchen bewohnte – bis sie dann zu guter Letzt von Tante Friedel in deren Wohnung geholt wurde bis zu ihrem Tode. Ich kann nur immer wieder sagen, wie unendlich leid mir meine liebe Oma noch heute tut, wenn ich an ihr unstetes Leben im Alter denke.

Für meine Eltern gab es nun also das Wiedersehen im Westen. Dass es Vati geglückt war, im Westen Fuß zu fassen, das war für uns schon ein großes Ereignis. Da zählte es erst zweitrangig, wieder in zusammengewürfelten Möbeln wohnen zu müssen. Wichtig war nur die Tatsache, im Westen zu sein. Achim und ich bekamen nun so manches Paket mit ungeahnten Leckereien geschickt. Mal waren es Konserven, die wir seit Breslau nicht mehr kannten – oder Schokolade und Zigaretten. Dabei ahnten wir gar nicht, wie knapp bei Kasse meine Eltern waren, denn von dem kleinen Verdienst mussten sie ihren Lebensunterhalt bestreiten sowie die Miete und irgendwelche Raten für die Möbel abzahlen.

Mein Vater hat auf seinen Streifzügen durch Ulm (meist zu Fuß, weil er für den Bus nicht das Geld übrig hatte) doch tatsächlich eine Arbeit gefunden. Es war bestimmt ein guter Stern, der ihn zur Firma Wieland geführt hatte! Ich habe es später selber noch erfahren wie christlich und mitfühlend man dort in der Geschäftsleitung eingestellt war - zumindest, wenn man echte Notlage erkannte.

So erhielt Vati eine Bürostelle im Lohnbüro und konnte wenigstens wieder Schreibtischarbeit verrichten. Der Weg von Wiblingen mit dem Bus bis hinein in die Stadt Ulm war zwar ziemlich beschwerlich in damaligen Zeiten, aber das hat mein Vater gerne auf sich genommen. Da konnte er noch nicht ahnen, dass wir eines Tages alle miteinander (Vati, Achim und ich) diesen Weg ins Büro haben würden!

Weihnachten 1954 – und ein großer Entschluss

Das Jahr neigte sich seinem Ende entgegen. Wir schmückten das erste Mal unser Bäumchen in der Wohnküche. Aber irgendwie waren wir doch recht traurig, so allein in Leipzig zu sein. Wir machten einige Fotos mit Selbstauslöser und schickten sie unseren Eltern. Auch diese Bilder existieren noch in meinen Fotoalben. Zum Jahreswechsel luden wir Heinz und Uschi mit dem kleinen Detlef zu uns ein. Und was uns beiden in den Weihnachtstagen klar geworden war, das wollten wir nun mit Heinz und Uschi besprechen.

Wir hatten nämlich beschlossen, zu Ostern ebenfalls in den Westen zu gehen! Ich danke heute noch Gott, dass es uns rechtzeitig klar geworden ist, dass wir in der

Ostzone nie auf die Beine kommen würden. Die Heimat war es sowieso nicht und es gab für uns überhaupt kein bisschen Rückhalt – weder finanziell noch auf wirtschaftlicher Basis. Mein Vater hatte den Mut bewiesen, noch einmal alle Zelte hinter sich abzubrechen, obwohl er soviel älter und behindert war – das mussten wir also auch schaffen!

Nachdem wir Heinz und Uschi von unserem Plan in Kenntnis gesetzt hatten und alle damit verbundenen Maßnahmen durchgesprochen hatten, brach bei uns Vieren der Frohsinn durch und wir feierten in gelöster Stimmung einen wunderschönen Silvesterabend. Der kleine Detlef schlief indessen friedlich in unseren Ehebetten nebenan. Irgendwie gerieten wir in eine Hochstimmung. Getränke waren genug da und zu futtern auch – dank meiner Eltern – und so alberten wir bis in den frühen Morgen herum. Davon gibt es auch noch eine Reihe netter Bilder in meinem Fotoalbum. Ich bin

Silvester 1954

überzeugt, dass Heinz und Uschi gerne an diese Silvesternacht zurückdenken. Es war ja für unendlich viele Jahre das letzte Mal, dass wir so fröhlich zu viert beisammen waren.

Mit Schwager Heinz hatten wir im Jahre 1956 ein Wiedersehen in Wolfsburg bei Tante Martha. Dann sahen wir ihn erst nach über 20 Jahren in Ulm wieder, als er uns als Frührentner und schwerkranker Mann besuchte. Und Achims Schwester Uschi durfte erst nach 22 Jahren – nämlich zu unserer Silberhochzeit – aus der DDR nach Ulm ausreisen! Dafür musste zu dem Anlass aber ihr Ehemann Heinz als Pfand zurückbleiben! Es blieb also dabei, wir haben nie wieder zu viert fröhlich sein können in unserem Leben. Zum Schluss griff noch der Tod nach meinem Achim und holte ihn viel zu früh von meiner Seite. Bald darauf wurden die Grenzen endlich geöffnet und beide Schmidts konnten zu uns reisen – aber da lag mein guter Achim schon unter der Erde. Er hat seine Schwester nur noch einmal im Leben zu unserer Silberhochzeit gesehen!

Bei diesem doch sehr traurigen Rückblick fällt mir wieder ein Spruch ein:

„Und fragst du das Schicksal – wieso – warum?

Schicksal gibt keine Antwort – Schicksal bleibt stumm!"

Aufbruchstimmung

Wir gaben nun meinen Eltern zu verstehen, dass wir Ostern eine Reise zu Tante Martha unternehmen würden. Man musste ja auch mit Briefinhalten vorsichtig und darauf gefasst sein, dass etwas kontrolliert wird. Aber wir wussten, dass meine Eltern den Wink mit dem Zaunpfahl verstanden hatten! Bloß gut, dass man damals immer noch mit einem Reiseantrag die Genehmigung zu einer Fahrt in den Westen bekam. Unseren netten Wirtsleuten erzählten wir auch ganz beiläufig von unseren Reiseabsichten zu Tante Martha nach Wolfsburg.

Für uns begann nun eine aufregende Zeit der Vorbereitungen. Von unserem Plan, die DDR zu verlassen, wussten nur unsere Angehörigen, unser Hausarzt, Frau Krenkel und eine nette Familie aus dem Haus meiner Eltern.

Mit denen hatten sie immer besten Kontakt und wir beide verkehrten ebenfalls mit ihnen freundschaftlich. Wir duzten uns sogar. Man musste ja so unheimlich vorsichtig sein, dass niemand merkte was man vorhatte. Andererseits brauchte man ein paar zuverlässige Menschen als Hilfe.

Zum Beispiel hatte besagte Nachbarsfamilie meiner Eltern einen Neffen, der gerade geheiratet hatte und der noch Möbel suchte.

Das war für junge Leute damals eine schwierige und teure Angelegenheit, zu Möbeln zu kommen. Wir hatten das Theater hinter uns!

Die Versorgung mit allen Gütern war nur von Zufällen abhängig und dann ging es auch nicht nach dem persönlichen Wunsch. Also kaufte dieser junge Mann gerne unsere Kücheneinrichtung und unser Schlafzimmer ab. Es war alles beinahe neuwertig nach knapp 3 Jahren.

Meine alte Kollegin Suse K. übernahm unsere niedliche rotbeige Flurgarderobe und unser Radio (Marke 3-D-Klang) usw. Natürlich war alles erst abzuholen, wenn wir abgereist waren.

Heinz und Ursel kamen zum Abwickeln nach Markkleeberg und bekamen dafür unsere neuen Fahrräder und alles was an Geschirr und Hausrat für sie interessant war.

Jetzt war theoretisch alles vorbereitet. Ich ging sogar noch einmal in die Waschküche bei Gatzsches, heizte den großen Kessel an und kochte unsere Wäsche – wie immer. Niemand konnte Verdacht schöpfen. Es sah für unsere Wirtsleute ganz normal aus – wie an jedem Waschtag. Nachher bin ich mit meiner Wäsche zum letzten Mal gegenüber zur großen Rolle marschiert und habe mit diesem Monster gemangelt. Solche Rollen gibt es gar nicht mehr. Sie haben mir immer unheimlichen Respekt eingeflößt, auch schon als Kind, wenn ich mit Mutti oder Oma zur Rolle gegangen bin.

In Breslau musste man noch mit einem riesigen Rad drehend den schweren Kasten über den Holzrollen hin und her bewegen. Später walzten sie auch mit Stromkraft über die Wäsche – aber wirklich laut und beängstigend.

Unsere saubere Wäsche habe ich dann in viele Pakete verteilt. Dazwischen verstaute ich auch unzerbrechliche Haushaltsgegenstände wie die Brotmaschine und andere Utensilien – vor allem das Besteck. Damit es nicht auffallen konnte, dass ich oft Pakete aufgab, bin ich mit denselben auf alle nur denkbaren Postämter in der Stadt Leipzig gefahren. Die Federbetten waren dann der letzte Akt. Wir mussten bis zu unserer Abreise noch darin schlafen. Wir packten sie am Morgen der Abreise in zwei Koffer und adressierten sie an meine Cousine Traudel S. (Schwester von Hubert), die in West-Berlin in Tegel wohnte. Die Koffer auf den Weg zu bringen, das übernahmen wieder die Nachbarn meiner Eltern. Ihnen verdanken wir wirklich, dass wir unsere eigenen Federbetten eines Tages im Westen wiederhatten. Es war mit Traudel ausgemacht, dass sie die Koffer auf Abruf mit neuer Adresse dann an uns nachschicken sollte. Ich stehe heute noch mit der inzwischen auch verwitweten Frau F. aus Markkleeberg in Verbindung und erfahre immer mal wieder etwas von ihr über andere Bekannte, die 10 Jahre in unserem Umkreis gelebt hatten. Noch am Tage vor unserer endgültigen Abreise waren wir bei Familie F. zur Konfirmation ihres emsigen Sohnes Manfred eingeladen.

Wir haben die Leute, die uns einmal so geholfen haben, in den Jahren danach nie vergessen. Mutti und ich, wir schickten viele, viele Pakete „rüber". Erstens immer noch aus Dankbarkeit und zweitens wussten wir, wie schlecht drüben die Versorgung noch über Jahrzehnte geblieben ist. Mein Achim hat immer gesagt: „Ich kann erst in Ruhe Weihnachten feiern, wenn ich weiß, dass drüben unsere Leute auch ihren Kaffee und ihre Süßigkeiten unterm Christbaum haben!" Und so blieb es nicht nur zu Weihnachten, sondern zum Osterfest oder zu Geburtstagen – es ist wirklich nicht mehr nachzuzählen, was wir und auch meine Eltern seinerzeit für Pakete in die Ostzone geschickt haben. Ich persönlich habe die Paketaktion eingestellt als die Grenzen geöffnet wurden und die Wiedervereinigung kam.

Nun habe ich erzählt, wie wir alles so schön generalstabsmäßig geplant hatten – und wie es auch genauso klappte – aber es war wirklich nicht so einfach zu verkraften, unser Zuhause noch einmal zu verlassen. Wie sehr hatten wir gehungert, um uns dies alles anschaffen zu können! Trotz der Aussicht, in den Westen zu kommen und auch wieder mit den Eltern zusammen zu sein, habe ich um unsere Möbel und überhaupt um die gemütliche Einrichtung viele Tränen vergossen. Wir mussten ja wieder mit Null und nur mit zwei Koffern Handgepäck anfangen! Unsere wichtigsten Papiere gaben wir per Post an die Adresse meiner Eltern auf. Es war ein waghalsiger Versuch, denn wenn sie nicht angekommen wären, hätten wir beide unsere Versicherungsunterlagen, Arbeitsbücher und sonstige wichtigen Dokumente unwiederbringlich verloren. Auf die Reise konnten wir unmöglich dergleichen Papiere in der Handtasche bei uns führen. Damals ging am Bahnhof jeder Koffer und jede Handtasche durch eine genaue Kontrolle. Aus diesem Grund habe ich auch leider meinen sämtlichen Schriftwechsel aus der Zeit in Markkleeberg, vor allen Dingen Achims Briefe aus der Gefangenschaft und auch die Mappe mit den vielen Texten, die ich mit Lydia gesammelt hatte, nach und nach im Küchenofen verbrannt. Desgleichen auch sämtliche Negative von Filmen, die wir in den Jahren in Markkleeberg und im Urlaub fotografiert hatten. Es war dies eine sehr anstrengende und aufregende Beschäftigung für mich, während Achim bis zuletzt ganz unauffällig weiter ins Büro ging.

Wie schön wäre es heute für mich, wenn ich die wunderschönen Briefe, die man nur einmal im Leben von seinem Liebsten bekommt, noch hätte. Nun besitze ich nur noch zwei Briefe, die mir Achim einmal in meine Kur nach Kellberg geschrieben hat. Das ist für mich ein kostbarer Schatz, denn jedes Wort spiegelt seine große Liebe zu mir wider und lässt den fürsorglichen Familienvater erkennen, der er bis zu seinem frühen Tode immer war. Als mein Achim so plötzlich von meiner Seite gerissen wurde, da habe ich verzweifelt nach etwas Schriftlichem von ihm gesucht. Ich fand diese zwei Briefe noch und sie begleiten mich in meiner Tasche überall hin.

Für meine Eltern ergab sich durch unsere Mitteilung natürlich sofort das Problem, wo sie für uns ein Zimmer bekommen könnten.

Von Arbeit ganz zu schweigen! Vati ging zu allererst einmal zu seiner ersten alten Wirtin, wo er das kleine Zimmerchen hatte.

Frau Bücher war sofort einverstanden, uns das Zimmer zu vermieten. Es gab zwar nur ein Bett in diesem Raum, aber wir waren ja schon einiges gewohnt in unserer jungen Ehe!

Ade Markkleeberg

Der Tag der Abreise war gekommen, Wir schafften unsere Stubenpflanzen hinunter zu unseren Wirtsleuten, mit der Bitte, sie über Ostern zu gießen. Sie verabschiedeten uns ahnungslos und wünschten gute Reise. Ohne uns umzublicken sind wir aus dem Haus gegangen mit unseren Koffern. Gleich um die Ecke war die Endhaltestelle der Straßenbahn – am Schillerplatz, wo wir schon einmal mit den Eltern gewohnt hatten.

Die Fahrt zum Bahnhof ist mir ewig lang vorgekommen. Am Bahnhof beschlich uns wieder die Angst vor der Kofferkontrolle. Ganz unten hatte ich in einen Koffer unsere zwei ersten Fotoalben gepackt. Als man sie entdeckte, habe ich möglichst harmlos erklärt, dass wir doch unseren Angehörigen die Fotos von unserer Hochzeit zeigen wollten. Das hat man mir auch geglaubt und wir durften unsere Koffer wieder schließen und zum Zug gehen. Natürlich nicht Richtung Wolfsburg, sondern Richtung Augsburg über Grenzstation Probst-Zella. Ich weiß heute wirklich nicht mehr genau, ob wir damals vorsichtshalber zweierlei Fahrkarten gekauft hatten – nach Wolfsburg und nach Augsburg, Wahrscheinlich!

Solange man noch in der sowjetischen Besatzungszone rollte, war das große Schweigen im Abteil.

Uns gegenüber saß eine feine Dame, die uns später erzählte, dass sie nachhause fuhr, nach Augsburg. An der Grenze bekam man wieder das unheimliche Herzklopfen bis alles durchkontrolliert war. Aber durch den stärkeren Reiseverkehr zu Ostern beeilte man sich und ehe wir es uns versahen war auch dieser Spuk vorüber.

Als wir die Grenze endlich hinter uns gelassen hatten und uns auf westzonalem Gebiet mit westzonalem Zugpersonal befanden, fiel endlich die unerträgliche innere Anspannung von uns ab.

Die Westdeutsche uns gegenüber bot uns sofort aus ihrer Thermoskanne guten Kaffee an und auf einmal fing man rundum ein Gespräch an. Nun hatten wir es praktisch geschafft und erwarteten es kaum noch, bis endlich der Bahnhof Augsburg in Sicht kam. Dort mussten wir nämlich noch einmal umsteigen in den Zug nach Ulm.

Aber die Aufregungen waren wohl doch zu belastend für mich gewesen! Kaum in Augsburg ausgestiegen, bin ich auf dem Bahnsteig erst einmal zusammengeklappt (ich wüsste gar nicht, wann mir das noch einmal im Leben passiert wäre)! Man brachte mich zur Rote-Kreuz-Baracke auf dem Bahnhof und flößte mir den guten Melissengeist ein. Es hat auch wirklich nicht lange gedauert und meine Lebensgeister kehrten wieder zurück, so dass wir den geplanten Zug nach Ulm erreichen konnten. Es wäre ja schlimm gewesen, wenn Vati und Mutti in Ulm auf dem Bahnsteig vergeblich auf uns gewartet hätten. Sie hätten sich wahnsinnige Sorgen gemacht, denn wir konnten sie ja nirgends telefonisch erreichen, um Bescheid zu geben.

Ich werde diesen Augenblick nie vergessen, als der Zug kurz vor Ulm auf der alten Eisenbahnbrücke im

Schritttempo fuhr und wir über der glitzernden Donau im Dunkeln das angestrahlte Münster erblickten! Heute noch, jedes Mal wenn ich von Gundelfingen komme und über die Donau nach Ulm rein fahre, muss ich an diesen Moment denken!

Wieder ein neuer Anfang

Ulm/Donau, Ostern 1955

Der Zug fuhr von der Brücke aus langsam in den Bahnhof ein.

Endlich am Ziel – in Ulm! Wir sahen schon von weitem die Eltern stehen und fielen uns freudig in die Arme. Nach den ersten Fragen und Antworten beeilten wir uns, zur Bushaltestelle zu kommen.

Wir mussten damals bis Schillerstraße fahren, wo wir in die Linie 8 nach Wiblingen umsteigen mussten.

Wir staunten, wie weit die Fahrt nach außerhalb ging. Durchs Donautal, über die Kastbrücke bis Wiblingen. Von der Haltestelle Abteistraße war es nicht mehr weit bis zu Frau Bücher zu laufen. Vor einem kleinen einstöckigen Wohnhaus mit Stallungen im Hof machten wir Halt und Vati klingelte Frau B. heraus, um uns als ihre neuen Mieter vorzustellen. Es war eine freundliche alte Frau. Dann bekamen wir das Zimmerchen zu sehen, welches mehr als bescheiden war! Ein Bett stand darin, ein kleiner Tisch an der Wand mit zwei Stühlen, ein schmaler Schrank und ein Waschtisch mit Schüssel und Kanne. Fließend Wasser oder gar warmes Wasser gab es nicht!

So fing unser neues Leben im Westen an – wahrlich bescheiden!

Achim hat später immer mal wieder erzählt, dass für ihn das Beeindruckendste bei der Ankunft in Ulm war, dass Vati in seinem alten Lodenmantel von „drüben" am Bahnhof stand. Auch Mutti war natürlich ganz bescheiden gekleidet. Wir ahnten damals noch nicht, wie sehr unsere Eltern auch hier „im goldenen Westen" rechnen mussten. Sie fingen vor einem Jahr – 1954 – genau wie wir jetzt, zum zweiten Mal seit der Flucht aus Breslau bei Null an.

Nachdem wir nun unsere Koffer in unserem Zimmer abgestellt hatten, gingen wir mit den Eltern nur zwei Straßen weiter in ihre Wohnung. Die lag, wie ich schon einmal erzählt habe – unterm Dach. Für meinen Vater war es gar nicht leicht, auf den stark gebohnerten Treppen nach oben zu gelangen. Man kann es sich kaum vorsteilen, aber es war wirklich so: bei jedem Schritt rutschte Vati mit seinen Prothesen bis an die Wand zur Scheuerleiste, ehe er die nächste Stufe betreten konnte (um da wieder wegzurutschen).

Trotz Bitten meiner Eltern ließ die Hausbesitzerin nicht davon ab, die Holztreppen so stark zu bohnern. Dabei wohnte sie selber im Parterre. Es war reine Schikane den Flüchtlingen gegenüber.

Die sogenannten „Reingeschmeckten", die Flüchtlinge, die waren hier in Schwaben genau so unbeliebt wie in Sachsen. Es dauerte auch hier viele Jahre, bis man akzeptierte, dass es auch noch andere Menschen außer den Einheimischen gab.

Da die Wirtsleute meiner Eltern mit unserer Vermieterin Frau Bücher verwandt waren, schluckten Mutti und Vati um des lieben Friedens Willen so manche Unbill. Ja, ich habe auf der Straße sogar einmal jemand rufen hören „diese Hurenflüchtlinge!" Da war ich doch sehr geschockt! Erst viel später habe ich mitbekommen, dass diese Ausdrucksweise einer herzhaften schwäbischen Art entsprach und nicht im wahrsten Sinne des Wortes zu verstehen war.

Der bescheidene Anfang

Mit unserer Wirtin, der alten Frau B., konnten wir uns anfangs nur sehr schwer verständigen, da sie einen breiten Dialekt sprach. Aber wir haben immer schön freundlich genickt zu ihren Erzählungen und erst, wenn ihre Tochter mal vorbei kam, ließen wir uns so manches verdolmetschen ins Hochdeutsche. Das Leben in diesem kleinen Zimmerchen war indessen nur dadurch auszuhalten, dass wir uns tagsüber bei den Eltern in den Räumen aufhalten konnten. Mutti hat uns fürs erste voll in Kost genommen. Wir hatten als Startkapital nur den Gegenwert unserer Möbel – das waren 1.000 Mark Ostgeld, welches wir auf einer Bank zum damaligen Kurs von 1:5 in 200 Westmark eintauschten. Das war unser ganzes Geld.

Nun ging auch die Behördenrennerei los. Aufenthaltsgenehmigung ja – aber Zuzugsgenehmigung nur, wenn man Wohnung und Arbeit nachweisen konnte. So war die Lage für uns. Wir mussten manche bittere Pille schlucken! Bei einer Bewerbung auf der Sparkasse Ulm musste ich mir knallhart auf den Kopf zu sagen lassen, dass man mit Flüchtlingen keine guten Erfahrungen gemacht hat! Trotz meiner vorgelegten guten Zeugnisse als Kassierer und stellvertretender Zweigstellenleiter! Achim erging es natürlich nicht anders. Wir waren eben ungebetene Eindringlinge, die womöglich den Einheimischen die Stellungen streitig machen wollten. Also – es war wieder einmal viel Geduld gefordert und gegenseitiges Mutmachen.

Wir erlebten eigentlich ähnliches Verhalten wie in Sachsen damals. Es dauerte eine ganze Zeit – in Ulm sogar Jahre, bis man freundlich in die Bevölkerung integriert wurde. Dabei waren wir doch auch nur Deutsche.

In Ulm gab es für uns auch ein Wiedersehen mit Tante Friedel und ihrer Familie. Nur Onkel Hermann lebte nicht mehr. Er war, wie ich anfangs schon einmal erwähnte, gleich nach seiner Flucht aus dem Erzgebirge hier in Ulm seinem Lungenkrebsleiden erlegen. Die Familie Schmidt lebte immer noch in der Sedankaserne – einem großen Flüchtlingslager. Tante Friedel arbeitete in der Lagerverwaltung für 2 Westmark pro Tag. Es war für sie bestimmt eine schwierige Situation mit den beiden kleinen Jungen allein durchzukommen. Und die hätten so bitter ihren Vater noch gebraucht.

Auch die Klaviertante Vally und deren Mama lebten in der Kaserne. Wir trafen uns in Ulm nun manches Mal mit der ganzen Familie in der Friedrichsau am Sonntag. Jetzt erst konnte Tante Friedel meinen Achim kennenlernen, den sie bis dahin nur vom Hörensagen kannte. Zu unserer Hochzeit konnte damals niemand kommen und wir hätten auch gar nicht gewusst, wie man die Besucher hätte unterbringen und vor allen Dingen beköstigen können!

Nun hatten wir uns alle viel zu erzählen und auch zu besprechen, wie es so in unserem neuen Leben weitergehen würde. Mein Vati war damals für Tante Friedel

Wiedersehen in Ulm

oft ein Ratgeber, und wenn er selbst nicht weiter wusste, dann gab es immer noch den Onkel Theo in Ulm, der immer mit seiner Familie hilfsbereit für uns war. Pfahlers waren sowieso für uns damals der gute Stern und wir waren auch öfters bei ihnen eingeladen. Sie hatten nicht nur meinen Eltern verholfen, im Westen Fuß zu fassen – es kam sogar der Tag, dass wir es Tante Wallys Aufmerksamkeit zu verdanken hatten, dass wir eine Wohnung bekamen!

Für Achim war es besonders arg, dass wir meinen Eltern so auf der Tasche lagen. Von dem Entgelt, was Vati nachhause brachte, konnten wir uns nur ganz bescheiden und einfach ernähren, Mutti konnte buchstäblich nur die billigste Plockwurst oder einfachen Streichkäse kaufen. Man konnte es schon bald nicht mehr sehen und schmecken schon gar nicht! Vati rauchte die billigsten Zigarren – die „weiße Eule". Und wenn er in der Stadt irgendwelche Erledigungen hatte, dann kaufte er sich im Kaufhaus „Merkur" (das heutige Horten) in der Lebensmittelabteilung vom Fass einen Flachmann mit klarem Korn. In Leipzig habe ich die Eltern unterstützt – jetzt halfen sie uns. Das beruhte auf Gegenseitigkeit und war selbstverständlich. Damals zahlte ich ihnen die Miete – jetzt zahlten sie außer ihrer eigenen Miete auch noch unser Zimmerchen bei Frau Bücher.

Endlich eine Arbeitsstelle

Eines schönen Tages kam Achim von seiner Arbeitssuche mit einer Erfolgsmeldung heim! Er war (und das vielleicht auf Vatis Anraten) zur Firma Wieland gegangen – wo mein Vati schon seit einigen Monaten arbeitete. In der Personalstelle war man nach Einsicht in seine Zeugnisse erst einmal skeptisch, ob Achim wirklich gewillt war, als einfacher Arbeiter hinten im Betrieb anzufangen. Doch Achim machte der Personalabteilung klar, dass er unbedingt jede Arbeit verrichten wolle, um nicht mehr seinem Schwiegervater auf der Tasche zu liegen.

Daraufhin stellte ihn die Firma als Packer im Versand ein.

Was für ein Freudentag war das für uns zuhause! Nun fuhren beide Männer früh gemeinsam zur Arbeit in die Stadt.

Ich habe auch täglich versucht, irgendwo eine Anstellung zu finden. Meist bekam ich die Antwort: zu alt mit 27 Jahren und noch dazu verheiratet – da könnten ja auch bald Kinder kommen – nein danke! Dann bin ich auf eine Anzeige zu einer Weinhandelsfirma gegangen. Leider war das ein schlimmer Fehlgriff! Dort habe ich es nur 3 Tage ausgehalten – dann habe ich wütend auf der Stelle gekündigt und bin wieder gegangen.

Das kam so: bei der Einstellung fragte mich doch schon wieder so ein voreingenommener, arroganter Chef, ob ich auch „Mein und Dein" unterscheiden könnte (da war es schon wieder, das Vorurteil gegen die Flüchtlinge)! Und das nach Vorlage meiner guten Sparkassenzeugnisse! Na gut, ich schluckte diese bissige Frage, weil ich ja unbedingt Arbeit haben wollte. Aber der nächste Hammer kam, als man mir die Ablage übergab mit der Bemerkung, ich sollte erst einmal lernen, wie man richtig Schriftstücke ablegt. Dann erst würde man mir andere Büroarbeiten zutrauen. Was habe ich nun zwei Tage lang gemacht? Die total verluderte Ablage habe ich erst einmal in Ordnung gebracht. Am dritten Tag geschah für meine Begriffe etwas Ungeheuerliches! Ich arbeitete an meinem Tisch mit der Ablage, als der Chef einen jungen Mann (vermutlich der Lehrling, 18 Jahre) dermaßen vor uns allen herunterputzte und richtig gemein beschimpfte, dass der junge Mann zu weinen anfing.

Da wurde es mir doch zu bunt. Ich habe alles hingeworfen, bin stehenden Fußes in das Zimmer von dem zweiten Chef (das waren wohl zwei Brüder, die Kolbs) gestürmt und habe verlangt, mir sofort meine Papiere zurückzugeben. Ich habe ihm wütend erklärt, dass ich ein solches Arbeitsklima nicht gewohnt bin!

Bums, da war ich nun wieder auf der Straße und musste weiter auf Arbeitssuche gehen. Zuhause haben wir natürlich auch beratschlagt, was ich noch unternehmen könnte. Wir sind dann wohl doch zu dem Schluss gekommen, dass ich halt auch in der großen Firma Wieland anfragen sollte, ob zufällig eine Bürostelle frei war. Es war wirklich eine Überwindung, auch noch dorthin zu gehen, wo schon zwei Leute aus der Familie einen Arbeitsplatz erhalten hatten.

Aber ich hatte es anfangs schon einmal erwähnt, was die alteingesessene Familie Wieland für eine familiär und human denkende Firmenleitung hatte. Das war damals unser Glück!

Ich machte mich also auf den Weg und bat in der Personalstelle um eine Vorsprache wegen einer Bewerbung. Ich sollte in einem kleinen Nebenzimmer Platz nehmen und warten. Dann ging die Tür auf und ein sehr großer imposanter Herr mit weißem Haar kam herein.

Es war der damalige Personalchef für die Verwaltungsangestellten, General A. Die folgende Unterhaltung mit dem Herrn ist mir, wie so vieles, ganz genau im Gedächtnis geblieben.

Herr A. setzte sich mir gegenüber und fragte mich erst einmal, wieso ich denn dazu gekommen bin, mich bei der Firma Wieland zu bewerben. Ich habe wahrheitsgetreu erzählt, dass wir uns Ostern von „drüben" abgesetzt hatten, und wie schwer es bis jetzt war, eine Stellung für mich zu finden. Ich habe auch ehrlich erwähnt, dass auch schon mein Vater und mein Mann bei der Firma Arbeit bekommen haben. Ich hatte natürlich wieder Zeugnisabschriften und Versicherungspapiere dabei. Aus letzteren – den Versicherungseintragungen, sah Herr A., dass ich ganze drei Tage bei Kolb gearbeitet hatte. Er fragte mich daraufhin, warum ich denn gleich wieder dort aufgehört habe, zu arbeiten. Ich erzählte auch das Vorkommnis mit dem jungen Mann ganz genau und wie ich dieses Geschrei so unmöglich gefunden hatte! Aber zu meinem Erstaunen schmunzelte Herr A. über meine Erzählung und nickte mit dem Kopf:" So, so, der Herr Kolb!" Das war sein ganzer Kommentar. Wahr-

Die neue Arbeitsstelle, 1958

scheinlich war der Geschäftsmann als Choleriker bekannt.

Dann fragte mich Herr A., ob es denn nicht furchtbar für uns gewesen sei, gleich zweimal die Heimat zu verlassen und Hab und Gut zurückzulassen, nur um noch in den Westen zu kommen. Er hat wörtlich zu mir gesagt:" Sie müssen doch überall Verwandte und Freunde zurückgelassen haben!" Damit traf er den Nagel auf den Kopf, und bei mir war es nun endgültig mit der Fassung vorbei.

Ich musste anfangen zu weinen, ob ich wollte oder nicht.

Soviel Anteilnahme und Verständnis war mir im Westen das erste Mal entgegengebracht worden – noch dazu von so einem vornehmen Herrn. Was ich kaum erträumte – das geschah nun! Unsere Unterredung endete damit, dass ich per sofort eine Anstellung mit einem Monatsgehalt erhielt, weil obendrein zufällig in der Rechnungsstelle eine Kraft gebraucht wurde.

Als ich zuhause meinen Erfolg verkündete, war die Freude riesig.

Am meisten staunten aber „meine Männer", dass ich sofort mit Monatsgehalt angestellt wurde. Sie beide waren nämlich noch als Lohnempfänger angestellt und bekamen alle 10 Tage ihre Lohntüte. Nun haben wir diesen Erfolg – wie ich uns kenne – ganz bestimmt mit einem Eisbeinessen gefeiert!

Ab jetzt fuhren wir drei „Wieländer" jeden Morgen gemeinsam in die Firma. Um 6 Uhr früh standen wir schon an der Haltestelle. Der Weg war weit und man fing damals wohl gegen 7 Uhr an zu arbeiten.

Leider wurde mein Achim in den ersten Monaten, als wir noch hei Frau Bücher wohnten, sehr krank mit den Bronchien. Offensichtlich stand unser Bett auf einer Wasserader. Er konnte nachts kaum noch Luftholen und wir konnten ganze Nächte nicht schlafen. Ich habe bei jedem Atemzug von Achim das laute Pfeifen aus seiner Brust gehört. Vielleicht war aber auch der Schweinestall schuld, der genau neben unserem Zimmer lag. Das klingt wie ein Witz! Aber leider ist es wirklich wahr. Die Toilette – sagen wir lieber das Plumpsklo – lag im Schweinestall, direkt neben dem Pferch von einer Sau. Man konnte beim „Sitzen" zu dem Schwein hineinschauen, und die guckte auch ganz treuherzig zu einem hinauf. Wenn man Pipi machte, dann fing die gute Sau da drinnen jedes Mal an, mit zu pinkeln! Wahrscheinlich wurde sie von dem Geräusch angeregt.

Heute klingt das alles sehr zum Lachen – danach war uns aber seinerzeit ganz bestimmt nicht.

Endlich ein anderes Heim

Wir fragten überall herum und suchten verzweifelt nach einer anderen Bleibe. Eines Tages fanden wir sie endlich! Irgendjemand nannte uns die Adresse der Familie Sälzle in der Abteistraße.

Da waren zwei Mansardenzimmer frei und dazu gehörte ein eigenes Klo. Die Stuben waren zwar jede nur 9 qm groß, aber es war immerhin besser als das eine Zimmer, das wir bisher bewohnten.

Wir bekamen die Räume für 65 DM zu mieten. Sälzles waren eine Großfamilie mit 6 Kindern, Daher waren in unserer Etage oben auch noch zwei Kinderzimmer. Aber das alles störte uns nicht. Wie das manchmal so zugeht – wir waren uns alle auf Anhieb sympathisch.

Trotz der großen Enge in unseren Zimmern war das Leben wieder etwas erträglicher geworden. Man kann sagen, dass wir uns im Laufe der Zeit direkt miteinander anfreundeten und zusammen mit Sälzles und meinen Eltern haben wir in unserer winzigen Wohnküche so manche vergnügte Stunde verbracht.

Nun konnten wir nach ein paar Monaten unser erstes eigenes Küchenbuffet kaufen und einen Kühlschrank Marke Bosch – den mit dem dicken Schnappschloss! Ach, waren wir darüber stolz und glücklich! Bis dahin hatten wir ein von meinem Vati gebautes Holzregal mit Vorhang davor als Küchenschrank. Zum Schlafen hatten wir leider wieder nur ein Bett in dem zweiten Zimmerchen. Ansonsten stand nur noch ein Schrank in dem Raum. Wenn es Winter wurde, mussten wir aus diesem Zimmer flüchten, da es unbeheizbar

Küchenidyll

war. Zu heizen ging nur der Küchenherd. In der Küche stand aber von Sälzles ein Sofa – eher ein Chaiselongue, schlicht und hart. Darüber hinweg verlief auch die Dachschräge. Auf diesem Ding konnte ich im Winter schlafen. Mein guter Achim stellte sich drei Stühle (ungepolsterte) und einen Küchenhocker am Abend gegen das Sofa. Darauf wurde eine zusammengefaltete Decke als Unterbett gelegt zum Überbrücken der Stuhlkanten. Zugedeckt haben wir uns mit dem einen Federbett. Das war unser modernes Doppelbett! Ja, wir mussten sehr viel improvisieren und immer neue Schwierigkeiten überwinden. Einmal wurden wir beide im Winter mit einer Grippe sehr krank. Wir mussten im Bett bleiben und es musste ein Arzt kommen an unser bescheidenes Lager. Ich habe mich damals schrecklich geschämt über unsere armseligen Verhältnisse. Aber es wurde auch wieder Frühling und wir konnten in das bequeme Bett im anderen Zimmer umziehen. Achim und ich hatten einen genau ausgeklügelten Wirtschaftsplan aufgestellt, wie wir unser Geld richtig einteilen mussten.

Von einem Gehalt kauften wir auf Raten Möbel und vom anderen Gehalt bestritten wir unseren Lebensunterhalt und schlossen wieder eine bescheidene Lebensversicherung ab. Auf diese sparsame Weise kamen wir bald auch zu unserem Radio – einem Siemens-Super – und zu einem Grundig-Tonbandgerät. Wir kauften auf Raten unser schwarzes hochglanzpoliertes Wohnzimmer und durften das Buffet in unser Schlafzimmer stellen. Dafür nahmen Sälzles den anderen Schrank heraus. Wir traten auch in den Bertelsmann-Bücherclub ein und brauchten Platz, all die schönen Halblederbände unterzubringen.

Unser neues Buffet

Eigentlich war es, in aller Bescheidenheit, eine schöne Zeit, in der wir nun anschaffen und wieder einen Haushalt aufbauen konnten. Wir hatten wieder ein Ziel vor Augen! Aber immer noch schauten sich meine Eltern und auch wir nach einer richtigen Wohnung um.

Das war halt unser größter Traum – einmal wieder so wohnen können, wie in Breslau!

Es vergingen einige Monate, da zitierte man Achim in die Personalabteilung der Verwaltung. Ohne, dass er auch nur einmal darum gebeten hatte, wurde er auf einen Posten in der Betriebsbuchhaltung gesetzt. Damit verbunden war die feste Anstellung mit einem Monatsgehalt.

So ging es nun auch für uns Schritt für Schritt voran – unser kleines persönliches Wirtschaftswunder war angebrochen. Wir arbeiteten jetzt beide im selben Verwaltungsgebäude der Firma. Jeden Morgen brachte ich Achim sein Frühstück an den Schreibtisch und zu Mittag sahen wir uns in der Kantine wieder beim Mittagstisch. Nach Dienstschluss wind wir drei, Vati, Achim und ich gemeinsam heimgefahren nach Wiblingen, sehnlichst erwartet von Mutti, die nun den ganzen Tag ziemlich allein war. Nur eine sehr nette Nachbarin, die neben meinen Eltern ein Zimmerchen mit ihrer kleinen dreijährigen Tochter bewohnte, war Muttis Gesellschaft. Es war Frau Uhink, die damals sehr arm und verlassen dran war. Sie lebte nur von Sozialhilfe, denn der Mann, von dem sie das Kind hatte, war zu seiner Familie verblüht. Frau U. war übrigens Flüchtling aus Magdeburg – wo sie an einer Bühne als Schauspielerin gearbeitet hatte.

Eines Tages – den Grund weiß ich leider nicht mehr – kam unsere Oma Hildebrandt aus Eilsum zurück und meine Eltern besorgten ihr auch ein Zimmer in Wiblingen. Es war sogar auch auf der Abteistraße gelegen – ganz in unserer Nähe. Nun haben wir uns wieder zumindest an den Wochenenden unserer Oma angenommen. Ganz glücklich war sie, wenn wir sie zum Kaffee zu uns herüber holten. Gemeinsam haben wir beiden Frauen Handarbeiten gemacht während mein Achim irgendetwas gebastelt hat. Hin und wieder fuhren wir auch mit den Eltern und der Oma in die Friedrichsau um spazieren zu gehen. Viel konnte Vati nicht unternehmen durch seine Behinderung. In Breslau ging unser Sonntagsausflug meist nach Scheitnig. Ganz besondere Höhepunkte für meine Eltern und für Achim und mich waren die Betriebsausflüge, die unsere Firma einmal im Jahr veranstaltete. Für wenig Geld gab es die schönsten Ausflugsziele. Unsere erste Wieland-Reise war eine Fahrt an den Bodensee nach Überlingen. Ein unvergessliches Erlebnis, den Bodensee per Schiff zu erleben! Es war ja alles neu für uns und wir waren mit den Eltern so glücklich, dass wir so etwas erleben durften.

Zu der Zeit, als wir eine Bleibe bei Sälzles fanden erhielten unsere Verwandten, die bis dahin im Lager aushalten mussten, endlich eine Wohnung in Ulm-Söflingen – in welcher sie heute noch wohnen. Das heißt, der Rest der Familie lebt noch dort.

Das sind die inzwischen über 90-jährigen Frauen Tante Friedel und Tante Vally! Meine beiden Cousins Manfred und Norbert starben beide im Jahre 1994 – was für ihre alte Mutter ein furchtbarer Schicksalsschlag war.

Unsere Oma lebte in ihrem Untermietzimmerchen solange noch allein, bis sie anfing verwirrt zu werden. Da war sie ungefähr so um die 80 Jahre alt. Nun nahm Tante Friedel ihre Mutter zu sich in die große Wohnung. Dort war durch den Tod der Mama (Tante Vallys Mutter bzw. Schwiegermutter von Tante Friedel) ein Plätzchen frei geworden.

So vergingen die Jahre – es waren nun schon bald 3 Jahre – die wir in Wiblingen bei Sälzles wohnten. Wir verstanden uns immer besser. Vati hatte uns inzwischen einen Fernsehapparat gekauft, der ganz dekorativ auf unserem Kühlschrank stand! Einen anderen Platz gab es wirklich nicht mehr für ihn in unserer winzigen Küche. Aber er war der Anziehungspunkt für alle. Wenn eine große Veranstaltung mit Frankenfeld oder Onkel Lou lief, dann quoll unsere kleine Küche von

Zuschauern über. Selbst auf dem steinernen Ausguss saßen noch die Kinder unserer Wirtsleute. Damals war ein Fernsehgerät noch eine seltene Sache in einer Familie. Vati hatte sich den Spaß auf Abzahlung geleistet, damit er selber etwas mehr Abwechslung hatte. Sport und Spiel waren ja für ihn leider tabu – genau wie schwimmen gehen und wandern. Für Mutti schaffte Vati wieder eine Nähmaschine an. Das war ein ungemein nützliches Stück für die ganze Familie, denn meine Mutti konnte nun nach Herzenslust billige Stoffe kaufen und uns „benähen".

Auch ihre Nachbarin, die Frau U. profitierte davon, und ihr schenkte Mutti obendrein auch noch die Stoffe. So waren meine Eltern eben – immer hilfsbereit bis an die Grenzen ihrer Möglichkeiten.

Sommer 1958 – Baby unterwegs

Als wir das dritte Jahr bei Sälzles wohnten – da waren wir nun schon 6 Jahre verheiratet. Es hatte sich immer noch kein Nachwuchs bei uns angekündigt. Wahrscheinlich bin ich in den vergangenen Jahren seelisch viel zu sehr strapaziert gewesen. Die nochmalige Flucht nach Ulm hatte doch allerhand Kraft gekostet.

Oder sollte wieder einmal alles Fügung sein? Schließlich musste ich doch zum gemeinsamen Wiederanfang Geld verdienen gehen.

Wie unnötig war doch Muttis Warnung an Achim an unserem Hochzeitsreisetag!

Eines Tages, im Sommer, stand ich am Fenster meines kleinen Schlafzimmers und blickte hinunter zur Mama Sälzle, wie sie im Garten arbeitete. Sie schaute nach meinem Gruß kritisch zu mir herauf und rief!

„Hallo Ursula, Du bist aber heute blass! Also wenn Du mich fragst – ich wette, bei Dir ist etwas unterwegs. Ich kenne mich da aus – habe ja selber sechs Kinder bekommen!"

Wenn man mir das schon ansah, dann musste es wohl stimmen, was ich an bestimmten Merkmalen schon vermutet hatte. Ich ging eines Tages nach dem Dienst zum Hausarzt in Ulm, der mich auch wegen meiner Kreislaufprobleme behandelte. Nach seiner Untersuchung kam der umwerfende Bescheid: „Es stimmt, Sie sind im zweiten Monat schwanger!"

Mein Gott – ich glaube, ich hin damals nachhause geflogen! Ich musste es doch meinen Lieben sofort verkünden. Zwei Reaktionen gab es daraufhin: meine Eltern haben vor Freude geweint und mein Achim hat nur noch gestrahlt! Nun wurde wieder ein Traum wahr – wir wurden endlich eine Familie!

Nun suchten wir noch nachdrücklicher nach einer größeren Wohnung. Dabei fielen wir einem Betrüger in die Hände! Es gab damals Leute, die vermieteten eine Wohnung gleich mehrmals an verschiedene Mieter und kassierten von jedem ein paar tausend Mark „Vorauszahlung". Wir mussten also auch DM 3.000 aufbringen für eine Zweizimmerwohnung im 4. Stock in der Basteistraße in Ulm!

Achim borgte sich das Geld als Kredit in der Firma, was er für diesen Fall auch ohne weiteres bekam. Wir übergaben zum festgesetzten Termin das Geld dem Vermieter (vermeintlichen Vermieter) und er übergab uns die Schlüssel für die Wohnung. Nun gingen wir ins Möbelgeschäft Mutschler und kauften ein Schlafzimmer und die restlichen Wohnzimmermöbel (Couchgarnitur und den Tisch). Dabei wurde der Liefertermin ausgemacht und die Lieferadresse gegeben. Als wir noch einmal in die Wohnung gingen, um einiges auszumessen, da konnten wir plötzlich mit dem Schlüssel die Tür nicht aufschließen. Er passte einfach nicht! Wir wunderten uns schon, dass die Leute im Treppenhaus uns so mitleidig angesehen hatten. Kein Wunder! Da waren schon mehrere „Mieter" mit anderen Schlüsseln gekommen und keiner konnte wirklich in die Wohnung hinein! Wir waren alle auf einen Betrüger hereingefallen!

Was tun? Unser Geld war weg – und das war für uns eine große Summe, die wir sowieso in Raten an die Firma zurückzahlen mussten. Und der Ratenvertrag über den Möbelkauf – der lief auch! Achim tat das einzig Richtige und ging zum Rechtsberater in unserer Firma.

Er erzählte, wie man uns übers Ohr gehauen hatte. Da die Firma selber daran interessiert war, zu ihrem Geld zu kommen, schalteten sie sich sofort ein. Der Kerl wurde tatsächlich ausfindig gemacht, weil wir doch eine Personenbeschreibung und einige Angaben machen konnten. Schon am übernächsten Tag war er gefasst und die Firma erhielt ihr Geld – wenn auch in allerkleinsten Scheinen – zurück! Diese Aufregungen in meinem Zustand waren auch nicht gerade gut.

Wir armen Würstchen saßen nun wieder um eine Hoffnung ärmer in unserer kleinen Wohnküche. Außerdem mussten wir die Möbelfirma bitten, die Möbel bis auf weiteres aufzuheben. Und die waren wirklich hochanständig, denn sie nahmen unentgeltlich die Möbel bis auf Abruf in ihr Lager.

Als es Winter wurde und mein Umfang immer größer (ich war bereits im 7. Monat) da hat Mama Sälzle gehandelt. Es tat ihr nun doch zu leid, dass wir immer noch in einem Bett schlafen mussten. So bat sie ihre beiden großen Töchter Lore und Trudel, ihr größeres Mädchenzimmer bis zu meiner Niederkunft mit unserem kleinen Schlafzimmer zu tauschen. Anstatt unseres Wohnzimmerschranks stellte man ein zweites Bett für die beiden Mädchen hinein. Wir waren überglücklich, dass die beiden Mädels ohne Murren diesen vorübergehenden Tausch mitgemacht haben. In dem Mädchenzimmer konnten wir nun unsere Couch aufstellen, die wir vom Lager abriefen und auch unseren eigenen Schlafzimmerschrank. Außerdem war dieses Zimmer mit einem Kanonenofen beheizbar. Zwischen unseren Betten war gerade noch Platz für das Kinderbett. Und dieses Kinderbett richtete uns Papa Sälzle persönlich her. Sie hatten von ihren eigenen Kindern noch ein Bett auf dem Boden. Es wurde frisch lackiert und Mutti nähte die Bespannung um die Seiten. So war zumindest eine vorübergehende Lösung gefunden worden, für die ich heute noch den Sälzles dankbar bin. Man freute sich im Haus auf „ihr" siebentes Kind, wie sie immer betonten.

Die ganzen Wochen bin ich noch mit meinen Männern tapfer zur Arbeit gestapft. Im wahrsten Sinne des Wortes gestapft! Der Winter war schneereich und es war gar nicht einfach, zur Haltestelle zu kommen. Die Busse, die damals fuhren, das waren ganz schön alte Kästen, die ziemlich rumpelten. Die Straße durch das Donautal war auch noch nicht so ausgebaut wie heute. Die war im Winter lausig eng, dass ich direkt Angst bekam, wie die kurvten! In der Stadt Ulm fuhren noch die O-Busse, die mit Stromabnehmern an der Oberleitung hingen – so wie die Straßenbahn jetzt noch.
Das Sitzen im Büro war auch keine reine Freude mehr. Mein Baby strampelte dermaßen, dass ich immer kerzengerade vom Stuhl hochgefahren hin. Mir gegenüber

arbeitete Hilde Hüttner. Sie war genau ein viertel Jahr weiter mit ihrer Schwangerschaft als ich.

Sie hat am 1. Januar 1959 ihren Sohn Markus entbunden. Mit Hilde und Heiner Hüttner waren wir im Laufe der Jahre auch freundschaftlich verbunden. Sie beide wohnten in Arnegg und hatten einen noch weiteren Weg nach Ulm zur Arbeit als wir. Heiner arbeitete damals als Lackierer bei Käßbohrer. Wir wurden oft zu Hüttners eingeladen. Sie waren dermaßen gastfreundlich und bewirteten uns mit so guten böhmischen Schmankerln, dass wir heimwärts immer bald krumm gegangen sind. Sie waren auch Flüchtlinge – aus dem Sudetenland und hatten sich mit ihren Eltern und Großeltern in Arnegg inzwischen ein eigenes Haus gebaut (das waren die 10 Jahre, in denen wir in der Zone auf der Stelle traten).

Eines Tages konnte ich das Geschunkel in dem Bus einfach nicht mehr ertragen, weil mir davon die Brust wehtat. Der Arzt hat mich sofort für zwei Wochen krankgeschrieben und dann setzte 6 Wochen vor der Entbindung sowieso mein Mutterschutz ein. Aber ich hätte auch nicht länger ins Büro gehen können. Ich war dermaßen stark in meiner Schwangerschaft, dass die Kolleginnen am Montag früh oft riefen:" Ja, Frau Kodantke, Sie kommen ja immer noch ins Büro! Sie werden Ihr Kind noch hier bekommen!"

Nun war ich also daheim und machte mit Mutti Besorgungen, wie man sie so in Erwartung eines Babys macht. Mutti war natürlich froh, dass ich bei ihr daheim war. Sie musste ja sonst immer den ganzen Tag allein sein und sich die Zeit vertreiben. Bis zum Entbindungstermin habe ich noch viel; sehr viel gelesen. Wir waren im Buchclub und bekamen regelmäßig unsere gewünschten Bücher zugeschickt. Mein Achim hingegen genoss es, dass er wieder Rolf-Torring-Hefte kaufen konnte, von denen er in Breslau schon eine Sammlung hatte. Er legte sich hier wieder hunderte solcher Abenteuerheftchen zu. Vielleicht ist mein liebes Kind – unsere Elke – deshalb auch so eine Leseratte geworden. Wir wussten damals natürlich noch nicht im Voraus, ob wir einen Jungen oder ein Mädchen bekommen würden! Soweit war die Medizin noch nicht. Es wurde die Schwangerschaft festgestellt und dann hieß es: "Kommen Sie wieder, wenn die Wehen einsetzen!" Nur einmal, im siebenten Monat, hat man den Leibesumfang gemessen und empfohlen, sich an eine Hebamme zu wenden, wenn es denn soweit sein würde.

Warum bildete man sich eigentlich ein, dass das erste Kind ein Sohn sein wird? Bei uns wartete alles auf den Uwe!

Für den Fall, dass es aber ein Mädchen sein würde, hatten wir auch schon einen Namen ausgewählt. Er musste natürlich zu Uwe passen und zu unserem Familiennamen. So beschloss der Familienrat einschließlich der Tanten in Wolfsburg: ein Mädchen wird Elke heißen!

Hurra – eine Wohnung in Aussicht

Ich glaube, dass es ungefähr im Februar 1959 war, als uns Tante Wally Pfahler benachrichtigte, dass sie eine Wohnung für uns in Aussicht hätte. Auf dem Weißenburgweg, Pfahlers gegenüber, gab es ein lediges Fräulein, die nur zum Zwecke des Geldanlegens eine Eigentumswohnung auf dem Eselsberg in Ulm gekauft hatte und diese vermieten wollte.

Die gute Tante Wally hat wieder einmal sofort an uns gedacht und schlug Fräulein Bundschuh vor, sich mit uns zu treffen.

Sie betonte auch, dass es für uns so besonders dringlich sei, weil ein Baby unterwegs sei. Daraufhin hat sich mein Achim mit dem Fräulein und deren Vater zusammengesetzt und hat sich die näheren Bedingungen vortragen lassen. Es handelte sich um einen Neubau, Burgunderweg, der erst im Juni 1959 zu beziehen war.

Eine Parterrewohnung in einem Mehrfamilienhaus – 3 Zimmer, Küche und Bad – für uns traumhafte Aussichten. Allerdings wollte sie 150 Mark Miete. Das war natürlich bei einem Gehalt von damals 600 Mark viel Geld für uns. Aber wir waren gewohnt, uns einzuschränken. Tante Wally ging sogar soweit, dass sie zu den Leuten sagte, sie würde für uns bürgen, dass wir immer pünktlich unsere Miete zahlen werden. Ja, so war das damals!

Wieder einmal waren wir der Tante Wally so dankbar, dass sie an uns gedacht hatte. Ohne sie wäre Vati nicht ausgerechnet nach Ulm gekommen und hätte hier Fuß fassen können. Und wer weiß, wie lange wir beide – Achim und ich – noch nach einer Wohnung gesucht hätten!

Eines Tages geschah wieder eines der Wunder in unserem Leben. Ich kann es einfach nicht anders bezeichnen, denn wir haben es damals alle vier so empfunden! Meine Eltern bemühten sich auch schon jahrelang um eine andere Behausung. Vati hatte sich unter anderem an den VdK (Verein der Kriegsbeschädigten) gewandt und um Hilfe gebeten. Und tatsächlich kam durch den VdK die entscheidende Hilfe für die Eltern. Der Verein setzte sich dafür ein, dass meine Eltern über den sozialen Wohnungsbau in eine mietgünstige Wohnung eingewiesen werden sollten.

Ich sehe heute noch meine Mutti mit einem Schreiben in der Hand zu uns gestürmt kommen. Es war die

Mitteilung der „Siedlungsgesellschaft Aufbau", dass sie im Juni 1959 eine Wohnung im Burgunderweg 22, 1. Stock, 2 Zimmer, Küche + Bad zugewiesen bekommen. Wir verglichen die Adressen – und was sahen wir? Wir werden beide wieder Tür an Tür wohnen – Burgunderweg 22 und 23!

Da sind bei uns reichlich Freudentränen geflossen...

Es war ja auch fast unglaublich, dass wir durch Zufall – oder glückliche Fügung – wieder so nahe beieinander wohnen würden wie in Leipzig-Markkleeberg.

Unser Kind will kommen!

Der Geburtstermin rückte näher. Am 24. März sollte der Uwe kommen. Der Frühling war schon ins Land gezogen und ich saß nachmittags oft hinterm Haus in der Sonne und strickte an einer Hausjacke für Achim. Der ganze März verstrich – aber unser Kind ließ sich immer noch Zeit. Sollte es ein Aprilscherz werden? Frau Sälzle redete mir immer gut zu und ließ mich unzählige Male die Treppen im Hausflur rauf und runter laufen: „Das hilft vorantreiben", meinte sie.

Am 1. April abends spürte ich auf einmal, dass es Ernst wird. Ich bekam die ersten Wehen und als sie gegen Mitternacht viertelstündlich anrollten, da rief mein Achim einen Rote-Kreuz-Wagen. Mein Köfferchen war lange schon gepackt und es war mit der Frauenklinik besprochen, dass ich kommen sollte, wenn die Wehen einsetzten. Also ging unsere Fahrt im Eiltempo Richtung Frauenklinik auf den Michelsberg in Ulm. Als wir mit dem Sanitäter bei dem diensthabenden Arzt vorsprachen, da geschah etwas, was man heute keiner Wöchnerin zumuten würde! Derselbe Arzt, der schon vor Wochen alles mit mir besprochen hatte, als ich zum

Umfang messen in der Sprechstunde war, erklärte uns jetzt eiskalt, dass die Klinik zur Zeit im Umbau sei und sie nur zu operativen Notfällen Patienten aufnehmen würden. Wir sollten versuchen in einer anderen Klinik Aufnahme zu finden – und das mit Wehen mitten in der Nacht! Der Sanitäter war empört und schimpfte, dass er so etwas noch nicht erlebt hätte. Er riet uns, Beschwerde gegen die Klinik einzulegen. Aber was half denn das in diesem brisanten Augenblick? Ich krümmte mich vor Schmerzen und sollte nun unangemeldet in eine andere Klinik – es war eine Gemeinheit sonders gleichen!

Mir fiel in meiner Not nur die Elisabethenklinik ein, in der mir zwei Jahre zuvor die Mandeln herausgenommen worden waren.

Man telefonierte dorthin und fragte, ob sie mich annehmen könnten. Zu unserer Erleichterung durften wir sofort kommen. Es ist ja von der Frauenklinik bis zur Elisabethenklinik nur ein Katzensprung – zum Glück. Ich wurde schon an der Haustür ganz liebevoll von einer Schwester in Tracht in Empfang genommen und gleich in mein Zimmer geführt. Meine Überraschung war groß und es kam mir wieder so vor, als wäre alles Bestimmung: ich landete nämlich genau in demselben Zimmer und in demselben Bett, wo ich schon während meines Aufenthaltes bei der Mandeloperation gelegen hatte. Nun wurde mir schon wohler zumute und die Angst wich langsam von mir. Aber ich hatte immer noch keine Hebamme. Alles war ja anders gelaufen!

Mit meiner Niederkunft war so bald nicht zu rechnen, stellte die herbeigerufene Hebamme fest und schickte kurzerhand meinen Mann nachhause. Er hätte sowieso bei der Entbindung nicht dabei sein dürfen – das gab es seinerzeit noch nicht – leider! Eine endlos lange Nacht voller Schmerzen habe ich allein zubringen müssen.

Meine Hebamme war ein alter Drachen. Sie erklärte mir um 2 Uhr nachts, dass sie sich nun aufs Ohr legen würde im Schwesternzimmer, weil es bei mir vermutlich vor 6 Uhr früh nicht soweit wäre. Damit entschwand sie meinen Blicken und überließ mich meinem Schicksal mit dem Gebot, ja nicht von der Pritsche aufzustehen! Das alles muss man sich einmal bildlich heute vorstellen!

Ich bin natürlich doch von der Entbindungsliege runter gerutscht und lieber herumspaziert. Ich hätte ja auch stürzen können bei meinen Klettereien um die Liege so allein im Entbindungsraum! Nun gut, ich habe auch diese Nacht durchgestanden – für mich unvergesslich. Bis 5 Minuten vor 8 Uhr dauerte die Entbindung – dann kam endlich unser Kind auf die Welt. Es war unsere Elke und es war am 2.April 1959. Der Kommentar der Hebamme war dazu:

„Sind Sie doch froh, dass es ein Mädchen ist. Dann haben Sie schon mal das Kindermädchen!" Ich selber habe ein ganz anderes Stoßgebet zum Himmel geschickt und zwar sehr inbrünstig:

„Lieber Gott, mach, dass dieses Kind nicht diese schlimme Hauterkrankung durchmachen muss, wie ich sie hatte!"

Dann, als ich endlich in mein Bett zurückgekehrt war, und das Baby im Körbchen lag, durfte der glückstrahlende Vater zu mir kommen.

Das sind so Momente, die man nie vergisst! Nach sieben Jahren hatten wir endlich unser Wunschkind – da waren alle Schmerzen schnell vergessen und nur noch Freude da. Sogar Tante Friedel hat mich im Krankenhaus besucht, sie war ein bisschen wehmütig darüber, dass ihr erstes Kind, ein Mädchen, damals gleich nach der Geburt gestorben war und nachher nur noch die zwei Jungen kamen. Sie hätte so gerne ihre Rosel behalten. Aber natürlich freute sie sich mit mir über mein kleines Mädchen. Tante Friedel war in Breslau übrigens meine Patentante und ich habe sie als Kind immer sehr bestaunt wegen ihrer Schönheit und Eleganz.

Wer sich ganz besonders freute, dass wir ein Mädchen bekommen hatten, das war mein Vati! Er hatte dieses Trauma im ganzen Leben nie verloren: Söhne bedeuten, dass sie irgendwann eines Tages in einen Krieg ziehen müssen ... Das war seine Überzeugung und er hatte die Auswirkungen am eigenen Leibe bitter erfahren müssen. So war er seinerzeit schon froh, dass er Vater einer Tochter wurde und war jetzt genauso glücklich, dass diese ihm ein Enkelmädchen geschenkt hatte.

Von den Eltern bekamen wir einen wunderschönen Kinderwagen geschenkt. Ich finde heute noch unseren Kinderwagen viel schöner, als die Leichtmodelle, die es

Die Enge in unserer Wohnung

jetzt gibt. Unsere Elke konnte bis zu einem Jahr fast ausgestreckt darin liegen. Nach einer Woche durfte ich die Klinik verlassen. Wir ahnten noch nicht, dass ein unendlich mühseliges Leben in der Enge mit unserem Baby beginnen würde! Das Kinderbett hatte ja nun gerade mal ein Plätzchen zwischen unseren Betten. Aber viel treten konnten wir in dem Raum kaum noch. Es war auch äußerst schwierig, mit dem Kanonenofen die Raumtemperatur gleichmäßig zu halten.

Die nächste sehr große Schwierigkeit war, die Kinderwäsche zu waschen. Es gab damals nur die Mull- und Moltonwindeln. Wir kochten die Babywäsche und die Windeln in einem großen Einkochkessel, den wir dazu extra anschafften wegen seines Fassungsvermögens. Um den großen Topf aber zum Kochen zu bringen, mussten wir den Küchenherd einheizen – und wie! Im Nu hatten wir 40 Grad Hitze in dem winzigen Raum. Dann musste die heiße Lauge abgegossen werden, was auch wieder unsäglichen Dampf verursachte. Das Spülen der Wäsche war ebenso schwierig. Stück für Stück wurde in einem kleinen Wännchen auf dem Steinausguss gründlich mehrmals ausgespült, denn das Kind durfte von Seifenresten nicht wund werden. Eine Wahnsinnsarbeit, die dann noch darin gipfelte, die Wäsche trocken zu bekommen. Wir bewegten uns nur noch unter Babywäsche, die in der Küche über unseren Köpfen baumelte. In dieser Situation feierten wir am 31. Mai 1959 unsere kupferne Hochzeit (7 Jahre Ehe).

Umzug auf den Eselsberg im Juni 1959

Aber am längsten hatte alle Plage gedauert denn der Tag des Umzugs rückte näher. Da wir mit den Eltern den gleichen Weg hatten, nahmen wir zusammen einen

Möbelwagen, den uns Onkel Theo von seiner Firma bestellte.

Zuvor kam jemand von der Spedition bei uns ausmessen, wieviel gepackt werden musste. Ich höre heute noch, wie der junge Mann von der Firma N. ausrief: „Um Gottes Willen, liebe Frau, wie konnten Sie sich denn in diesem Raum überhaupt noch bewegen?" Ja, das habe ich eben können müssen! Von den vielen Tränen, wenn ich manches Mal am Verzweifeln war über diese Umstände, will ich lieber nicht mehr reden. Es ist alles vorbei und doch für mich noch so sehr im Gedächtnis geblieben.

Dann war der große Tag gekommen und der Möbelwagen kam vorgefahren Es dauerte nicht lange, dann waren unsere Habseligkeiten verstaut und der Wagen holte noch die Möbel unserer Eltern ab vom Mockweg. Sie hatten auch nicht gerade viel zum Einladen. Dann sind Vati und Achim mit den Möbeln mitgefahren im großen Wagen und Mutti und ich, wir sind mit dem Kinderwagen im Stadtbus auf den Eselsberg gefahren. Unsere kleine Elke verschlief selig diesen bedeutungsvollen Weg in die neue Heimat. Als wir am Burgunderweg aussteigen mussten, da ging plötzlich ein schlechtes Wetter hernieder. Es stürmte ganz abscheulich und regnete in Strömen. Wir mussten das Regenverdeck über dem Kinderwagen festschnallen und dann sind wir zwei Frauen mit unserer kleinen Elke gegen Sturm und Regen ankämpfend zum Häuserblock an der Wendeplatte gelaufen.

Die Möbel der Eltern, die zuletzt geladen worden sind, wurden nun zuerst in ihrer Wohnung, Burgunderweg 22, ausgeladen -. Dann musste der Möbelwagen wenden und in den Trollingerweg reinfahren. Da-

Glückliche Großeltern

mals war unterhalb von unserem Häuserblock noch nichts bebaut (weder der sogenannte blaue Block noch der Soldatenblock gegenüber). Der Möbelwagen stieß rückwärts den Hang hinauf bis vor unsere Haustüre. Es gab auch noch keine Wiese – es war alles steiniger Lehmboden.

Ich kann es kaum beschreiben, wie glücklich wir in diese Wohnung eingetreten sind. Uns kam es vor, als hätten wir nun ein ganzes Schloss zur Verfügung! Soviel Platz um uns herum hatten wir seit unseren Wohnungen in Breslau nie mehr gehabt. Drei Zimmer, Küche und zwei Balkons – das war für uns ein Märchen!

Unser Balkon voller Gäste

Das Kinderzimmer stand noch eine ganze Weile ziemlich unmöbliert da – nur Elkes kleines Bettchen stand darin. In der Ecke noch eine Matratze auf Füßen, die wir von Tante Wally geerbt hatten, worauf ich das Kind wickeln konnte. Als wir hier einzogen, war unsere Elke gerade 3 Monate alt.

Für das Wohnzimmer, das Schlafzimmer und die Küche konnten wir nun komplett die Möbel von Mutschler abrufen. Zum ersten Mal seit unserer Flucht aus Breslau besaßen wir auch wieder ein Bad. Das war natürlich jetzt ein besonderer Luxus – wenn es auch noch so klein war.

Nach und nach wurden alle Wohnungen im Haus bezogen und man machte sich gegenseitig bekannt. Auch in den Nachbarhäusern zogen meist junge Leute mit kleinen Kindern ein. Links von uns die Familie Klinger mit Harald und Eva und rechts von uns Voigts mit der kleinen Gabi. Für uns junge Leute begann eine schöne Zeit in harmonischer Nachbarschaft!

Im Hause gegenüber waren meine Eltern ebenso froh und glücklich über ihr neues Zuhause. Endlich hatten sie wieder eine Wohnung, in der sie sich wohlfühlten. Wir konnten uns von Balkon zu Balkon etwas zurufen und unsere kleine Elke brauchte nur über die Wiese ins Haus gegenüber zu tippeln, dann war sie bei Oma und Opa. Kurzum – wir meinten nach so viel leidvollen Jahren das Glück an allen vier Zipfeln erwischt zu haben! Sogar ein grünes Peterle schafften sich meine Eltern wieder an.

Aber wie heißt es in Schillers ‚Glocke'?

„Doch mit des Geschickes Mächten
ist kein ew'ger Bund zu flechten
und das Unglück schreitet schnell!"

Genauso erging es uns! Das ungetrübte Zusammenleben mit unseren Eltern wurde bald grausam zerstört. Gerade mal 1½ Jahre dauerte es noch, dann fing Vati zusehends an zu kränkeln.

Er wurde zittrig und schwach auf die Beine und bekam Schmerzen in der Brust. Noch ehe wir recht begriffen, dass bestimmt all die vielen Existenzkämpfe und Sorgen der vergangenen Jahre für ihn zu groß waren, ereilte ihn am 24. Januar der Herztod.

Es traf uns alle furchtbar, weil es auch so ganz unfassbar tragisch war. Jetzt, wo Vati endlich erreicht hatte, um was er gekämpft hatte, musste er sterben.

Achim und Mutti wachten die letzte Nacht zusammen bei Vati und sie waren beide bei ihm, als er die Augen für immer schloss. Mein guter Achim hat an Vatis Sterbebett der Mutti in ihrem Schmerz versprochen, sich immer um sie zu kümmern. Dieses Versprechen hat er weiß Gott eingehalten, solange ich denken kann.

Die Kinder – die Trösterle

Unsere Kleine war knapp 2 Jahre alt, als ihr Opa starb. Doch was für eine Hilfe war Elkelein für meine Mutti – ihre Oma!

Sie war Muttis Trost in den schrecklichen Zeiten der Trauer.

Oma ging viel mit dem Kind spazieren und als Elke verständiger wurde, da hat Mutti immer zu ihr gesagt:" Du bist halt Omas Trösterle!"

War ich das nicht auch einmal für meine Oma? Wie sich doch alles im Leben wiederholt!

Als es Sommer wurde in diesem Jahr 1961, da meldete sich bei mir neues Leben an. Als sollte es für mich Ablenkung und Trost in der Trauer um Vati sein, bekam ich wieder eine Aufgabe, auf die ich mich einstellen musste. Unsere Freude auf das kommende Geschwisterchen überspielte manche trüben Gedanken. Ich hatte mir zwar brennend ein zweites Kind gewünscht, weil ich nicht wollte, dass Elke so allein aufwachsen sollte wie ich. Dass es sich aber so bald anmelden würde, nachdem wir auf das erste Kind über 6 Jahre warten mussten, das hätten wir uns nicht träumen lassen.

So verging Monat um Monat. Unser Leben wurde durch die Anschaffung einer Gemeinschafts-waschmaschine im Haus wesentlich leichter.

Die nächsten Windeln musste ich also nicht mehr auf dem Herd kochen! Und draußen war der herrliche Wäschetrockenplatz. Wir waren wirklich so dankbar für die neuen Bequemlichkeiten.

Meine Niederkunft rückte näher. Am 2. März sollte das Kind kommen. Dieses Mal bin ich gleich selber zu einer Hebamme gegangen und habe mich auch in derselben Klinik angemeldet, die mich schon einmal drei Jahre zuvor so freundlich aufgenommen hatte. Ich hörte inzwischen von anderen Frauen, dass das zweite Kind pünktlicher käme und in der halben Zeit auf der Welt wäre. Denkste! Nicht bei mir! Es waren bereits 12 Tage über die Zeit vergangen, als sich endlich das Baby anmeldete.

Kommt jetzt der Uwe?

Mitsamt meinen Wehen habe ich noch die Wohnung durchgeputzt und die Treppe gewischt. Da war es genau Mittag 13 Uhr. Dann wurde es Zeit, dass mich Achim in die Klinik brachte. Mizzi K. schaute gerade zum Fenster heraus, als wir vorbeistürmten und sie wünschte mir noch alles Gute für die nächsten Stunden. Sie hatte das Vergnügen ja auch schon zweimal hinter sich. In der Klinik wurde ich doch tatsächlich wieder in dasselbe Zimmer und das gleiche Bett eingewiesen. Gibt es denn soviel Zufall? Ich kam mir in dem Krankenzimmer schon richtig heimisch vor. Diesmal wollte mein Mann unbedingt bei mir bleiben. Ich war so froh, dass er im Entbindungsraum an meinem Bett saß. Aber ach! Da kam die Hebamme buchstäblich hereingefaucht und hat Achim ganz energisch aus dem Entbindungszimmer und nachhause verwiesen. Es hätte nur noch gefehlt, dass sie Achim am Kragen gepackt hätte! So rabiat war die Dame, der ich für die nächsten Stunden obendrein ausgeliefert war. Kein schöner Gedanke ... Wenigstens war es bei dieser Entbindung heller Tag und nicht endlos lange Nacht wie bei Elke.

Am Abend um 19 Uhr war es geschafft – und es gab nur noch Freude.

In diesem Moment vergessen Mütter alle ausgestandenen Schmerzen!

Ich weiß nicht, ob das heute noch so gehandhabt wird, dass die Hebamme das Kind an den Füßen nimmt und hochhält. Meine tat das jedenfalls und verkündete lauthals: „Ein Sohn!" Ich wollte es erst nicht glauben! Ich hielt es für unglaublich, dass wir so ein Glück haben sollten und nun doch noch den Uwe bekamen!

Auf mein ungläubiges Gesicht hin hat sie mir den kleinen Schreihals zugewandt und gesagt: „Da, sehen Sie doch selbst – es ist alles dran!" Wir hatten mit einiger Verspätung also noch unseren langerwarteten Uwe bekommen!

Nachdem sie mich noch eine Stunde lang verheerend mit der Nachgeburt gequält hatten, kam ich endlich in mein Zimmer und mein Mann wurde benachrichtigt, dass er kommen durfte. Den Anruf nahm seinerzeit Herr Hoch entgegen, weil wir noch kein Telefon hatten.

Er verständigte meinen Mann mit entsprechendem Hallo! Ein Sohn!

Mein Achim kam umgehend und durfte mir das Abendbrot reichen – wie gnädig von den Schwestern. Es herrschten eben dort strenge Maßstäbe – das hing bestimmt mit ihrem frommen Orden zusammen.

Mein guter Mann strahlte vor lauter Glück über seinen Stammhalter.

Am nächsten Tag, als er wieder zu mir kam, erzählte er mir von seinen Kollegen im Büro, wie sie ihn haben hochleben lassen.

Und unsere Oma? Das war nun ihr Burschele! Sie freute sich sehr über ihren Enkelsohn. Aber wir alle bedauerten es so sehr, dass unser Vati Missal sein zweites Enkelkind nicht erleben konnte.

Unsere Mutti – die Oma Missal – wie sie ringsum genannt wurde, war täglich in unserer Familie. Seit Vatis Tod war ihr Interesse am eigenen Haushalt nicht mehr groß. Mir war die Oma andererseits auch eine große Hilfe, weil sie sich sehr mit den Kindern abgab. Sie ging mit ihnen spazieren oder spielte geduldig mit ihnen, während ich meine Hausarbeit verrichten konnte. Aber auch finanziell unterstützte uns Mutti, wenn es um große Anschaffungen ging. Ob Kinderspielzeug, Fahrräder oder später Autos – unsere Oma gab immer gerne ihren Teil dazu.

Nach Vatis Tod kämpfte sie mit Hilfe von Onkel Theo und Herrn Hoch weiter darum, dass Vati nachträglich wieder in seine Beamtenrechte kam. Die beiden Herren kannten sich mit den jeweils neuesten Gesetzen gut aus und eines Tages hatten sie es wirklich geschafft! Vati wurde nachträglich anerkannt und Mutti erhielt von nun an die Versorgung einer Beamtenwitwe und dazu noch die Invalidenrente. Wenn das Vati hätte erleben können, dass ihm so spät doch noch Genugtuung widerfahren ist! Mutti war jetzt gut versorgt und deshalb half sie uns, wo immer es möglich war. Es hatte meine Eltern lange genug bedrückt, dass sie ihrer Tochter zur Hochzeit so gar nichts mit in die Ehe geben konnten. Aber das hatten wir auch nie erwartet! Umso mehr freuten wir uns jetzt über die Hilfe.

Am Ende des weiten Weges – eine glückliche Familie!

Ja, so könnte man sagen, denn in unsere kleine Familie kehrte große Zufriedenheit ein. Arbeit und Erholung wechselten sich im Jahresverlauf ab. Mit meinem Achim an der Seite durfte ich noch 26 glückliche Ehejahre verleben, bis auch er die Augen für immer schloss. Wir wussten nun, wo wir hingehörten und bauten Stück für Stück unser Nest zu einer gemütlichen Oase aus. Das kann ich mit gutem Gewissen behaupten, denn unser Wahlspruch lautete noch immer: Hauptsache glücklich! Für unsere Kinder sollte es ein Hort der Geborgenheit sein und wir dankten mehr als einmal dem Himmel, dass es ihnen erspart geblieben ist, so aus der Heimat vertrieben zu werden, wie es uns erging.

Ich hoffe, mit meiner Erzählung meinen beiden Kindern Elke und Uwe, meinen lieben Schwiegerkindern und meinen Enkelchen ein kleines Andenken an mich und an alle die Menschen geschaffen zu haben, mit denen ich gelebt habe, die ich geliebt habe oder die auch nur mal meinen Weg gekreuzt haben. Ich habe mich bemüht, alles wahrheitsgemäß und oft wortwörtlich wiederzugeben, weil mir die Begebenheiten wirklich so im Gedächtnis geblieben sind.

Vielleicht können die Generationen nach mir daraus aber auch erkennen, wie sehr unsere Jugendjahre von Krieg und Nachkriegszeiten geprägt waren! Es sollte nicht zuletzt aber auch die Geschichte der Eltern sein, die über 40 Jahre lang durch Freud und Leid in großer Liebe und Treue ihren Lebensweg gegangen sind. Und zwar immer bestrebt, mit ihren Mitmenschen in Harmonie zu leben! In meinem Kalender steht Jahr um Jahr vornean der Spruch:

„Willst Du glücklich sein im Leben
trage bei zu and'rer Glück,
denn die Freude, die wir geben
kehrt ins eig'ne Herz zurück!"

Am Ende des weiten Wegs

Inhalt

Vorwort 7
In der schlesischen Heimat 9
Die Kindheit 11
Die Jugend 59
Die Nachkriegsjahre in Leipzig und
    Sachsen 1945–1955 83
Wieder ein neuer Anfang 203